消防员
心理教育理论与实践

雷 榕　王淑娴　但 浩　｜著
张 杰　齐方忠　王建伟

西南大学出版社
国家一级出版社　全国百佳图书出版单位

图书在版编目(CIP)数据

消防员心理教育理论与实践 / 雷榕等著. -- 重庆：西南大学出版社, 2024.11. -- ISBN 978-7-5697-2680-0

Ⅰ.E0-051

中国国家版本馆CIP数据核字第2024U1K199号

消防员心理教育理论与实践
XIAOFANGYUAN XINLI JIAOYU LILUN YU SHIJIAN

雷　榕　王淑娴　但　浩　张　杰　齐方忠　王建伟　著

责任编辑：鲁　艺
责任校对：钟小族
装帧设计：魏显锋
排　　版：张　艳
出版发行：西南大学出版社（原西南师范大学出版社）
　　　　　地址：重庆市北碚区天生路2号
　　　　　邮编：400715
　　　　　网址：http://www.xdcbs.com
　　　　　市场营销部电话：023-68868624
经　　销：新华书店
印　　刷：重庆紫石东南印务有限公司
成品尺寸：170 mm×240 mm
印　　张：13
字　　数：234千字
版　　次：2024年11月　第1版
印　　次：2024年11月　第1次印刷
书　　号：ISBN 978-7-5697-2680-0
定　　价：48.00元

前言

2019年11月29日,习近平总书记在主持十九届中共中央政治局第十九次集体学习时指出:"应急管理部门全年365天、每天24小时都应急值守,随时可能面对极端情况和生死考验。应急救援队伍全体指战员要做到对党忠诚、纪律严明、赴汤蹈火、竭诚为民,成为党和人民信得过的力量。应急管理具有高负荷、高压力、高风险的特点,应急救援队伍奉献很多、牺牲很大,各方面要关心支持这支队伍,提升职业荣誉感和吸引力。"救援行动的"高负荷、高压力、高风险"叠加其他多重因素的影响,让消防救援人员在救援行动中容易出现心理困扰。心理教育是消防救援队伍政治工作的重要组成部分,加强心理教育能够帮助消防救援人员抵御不良因素的冲击,保持心理健康和人格健全,保持队伍的战斗力,能够为顺利完成党和人民赋予的光荣使命打下坚实的基础。

本书以消防员的心理健康为出发点,将心理理论与消防救援队伍思想政治教育实践相结合,希冀创新心理教育的形式,提升消防员的心理健康水平。本书既是基层消防救援队伍心理教育的实用教科书,也是消防高等专业院校"消防救援心理学"学科教学的辅导用书,是"产、学、研"一体化教学改革的成果和"消防员心理测评与干预技术"的研究成果。全书主要由雷榕、王淑娴、但浩、张杰、齐方忠、王建伟撰写完成。由于作者水平所限,教材中难免存在不足之处,恳请读者批评指正,以便再版时修改完善。

本书撰写组
2024年8月

目 录

初心铸魂　使命筑梦 …………… 1

重任在肩　砥砺前行 …………… 11

为荣誉而战 …………………… 19

奉献的力量 …………………… 25

消防职业胜任力 ……………… 33

消防职业理想 ………………… 41

消防职业之我见 ……………… 47

消防职业人格培塑（一） …… 61

消防职业人格培塑（二） …… 79

践行消防职业融合 …………… 89

集体中的角色意识 …………… 101

消防集体凝聚力的生成 ……… 113

唤活集体英雄主义 …………… 123

消防救援高效团队的构成 …… 131

消防救援高效团队的打造 …… 143

生死问题与价值考量 ………… 153

生命的真谛 …………………… 165

以"生"之光　唤"命"之热 …… 171

生命的追寻 …………………… 181

唤醒生命的力量 ……………… 189

参考文献 ……………………… 197

后记 …………………………… 199

初心铸魂
使命筑梦

"不忘初心"一词,走红于2016年。这一年,习近平总书记在庆祝中国共产党成立95周年大会上十次提到"不忘初心",并且告诫全党:"一切向前走,都不能忘记走过的路;走得再远、走到再光辉的未来,也不能忘记走过的过去,不能忘记为什么出发。"2017年10月,党的十九大召开。在会场二楼眺台上悬挂的巨型横幅上,打头的四个大字便是"不忘初心"。

那什么是中国共产党人的初心?党的十九大报告开篇就表明:"中国共产党人的初心和使命,就是为中国人民谋幸福,为中华民族谋复兴。"作为消防学子,国家综合性消防救援队伍中的一员,我们的初心与使命又是什么?

一、初心

(一)什么是初心

初,形容词,意为第一位的、本来的。心,指思想、意志、情感等心理活动。"初心"的字面义就是最初的心意、本来的心意,即本意,可以指做某件事的目标、动机、期望等。

恩格斯说:"一个知道自己的目的,也知道怎样达到这个目的的政党,一个真正想达到这个目的并且具有达到这个目的所必不可缺的顽强精神的政党——这样的政党将是不可战胜的。"近代以来,中国人民长期奋斗的历史逻辑、理论逻辑和实践逻辑足以说明,中国共产党就是这样的党。

习近平总书记在庆祝中国共产党成立100周年大会上指出:"江山就是人民、人民就是江山,打江山、守江山,守的是人民的心。"我们党之所以历经百年而风华正茂,饱经磨难而生生不息,根本在于党在任何时候都把人民放在心中最高位置,以百姓心为心,与人民同呼吸、共命运、心连心。这是党的初心,也是党的恒心。

作为消防救援事业的追梦人、奋斗者,责任重大,使命光荣。我们必当"不忘初心、牢记使命",用忠诚和奉献、心血与汗水,奋力开创消防救援事业新局面。

(二)悟原理找初心

中国共产党人的初心和使命,就是为中国人民谋幸福,为中华民族谋复兴。不断增进人民福祉、实现人民幸福,是党的初心和使命的集中体现与现实反映。这个初心是在中国共产党诞生之后,在中华民族面临内忧外患和社会危机的背景下逐步形成的。中国共产党诞生于风雨如晦、灾难深重的旧中国。那个时候的中国社会已经在黑暗和苦难中摸索了漫长的岁月,直到中国共产党的诞生,深刻改变了中国人民和中华民族的命运,中国社会才看到了民族独立、人民解放的曙光,中华民族才有了救亡图存、富民强国的中流砥柱。可以说中国共产党就是为了救亡图存、富民强国而生的,只有中国共产党才能改变和拯救中国。历史和人民之所以选择中国共产党,正是因为中国共产党真正把救亡图存、富民强国作为自己的使命和担当,从一开始就把为人民谋幸福,为民族谋复兴的历史使命与民族担当写进了自己的纲领,并且也只有中国共产党才能团结并带领全国各族人民奋力抵御外侮、争取民族独立、赢得人民解放、创造美好生活、实现民族复兴。

立足新时代新实践,党要坚持和发展马克思主义。伟大的实践需要伟大的理论。与时俱进是马克思主义的理论品质。中国共产党人十分重视在马克思主义基本原理同中国具体实践相结合的过程中推进马克思主义的中国化,先后创立和形成了毛泽东思想、邓小平理论、"三个代表"重要思想、科学发展观、习近平新时代中国特色社会主义思想等中国化的马克思主义理论成果。社会主义社会是一个不断发展、变革、创新的历史过程,自然也是马克思主义理论不断向前丰富发展的思想建设过程。不断把马克思主义中国化推向前进,能更好地构筑中国精神、中国价值和中国力量,为人民培育创造美好生活、实现民族复兴的"兴国之魂、强国之魂"。

(三)信仰与初心

"靡不有初,鲜克有终。"作为一名新时代的消防学子,我们身边有太多优秀的榜样,也见过了太多"悔不当初"的个案,尤其是在改制转隶后,仍需时刻审视自己。在现实中,刻苦不是心血来潮,不是随意付出,而需要真心,需要热情,需要智慧,更需要韧性。在新形势、新使命的要求下,消防员的专业能力和素养需要全面提升,意味着我们必须全力以赴、持之以恒。真正刻苦的人往往不会感觉到苦,"刻苦"仅仅是局外人对"刻苦者"的行为概括。盖因刻苦之人,往往有远大之理想、赤诚之精神、不变之初心。

我们要破除旧思想、旧觉悟,沉下气,静下心,在寻求初心和使命的道路上,做到由此及彼、由表及里、举一反三、触类旁通,用"牛角挂书、闻鸡起舞"的学习态度,把党性修养、纪律作风做扎实。特别是对貌似与消防本行业、本岗位无关的思想和论述,要努力掌握理论精髓、核心要义、思维方式,把蕴含在其中的思想方法和工作方法领悟到、学到手。

"绝知此事要躬行。"要做好本职工作,就要从最基本的做起,撸起袖子加油干,在实干中养成勤勉笃行、求真务实的作风,在实战中培养同甘共苦、生死与共的战友情谊,时时处处虚心向身边的同志学习。

要练就"越是艰险越向前"的干劲。主动到矛盾最集中、问题最复杂、条件最艰苦的地区经风雨、见世面、长才干,在艰难困苦中成就峥嵘岁月,实现人生价值。

要练就"敢教日月换新天"的闯劲。敢于动真碰硬,在大是大非前勇于亮剑、在矛盾困难前迎难而上、在危局困局前挺身而出、在失误挫折前勇于担责,做真正敢于斗争、善于斗争的战士。

要练就"踏平坎坷成大道"的韧劲。做好迎接考验和挑战的思想准备,无论身处什么岗位,无论遇到什么挫折,都要咬紧牙关、沉心做事,绵绵用力、久久为功,不断提升攻坚克难的魄力、能力和毅力,以实现自身更好的发展。

早日成为主力军的先锋、国家队的骨干,永远做党和人民的忠诚卫士,这就是消防学子的初心与信仰!

二、使命与消防梦

国家综合性消防救援队伍承担防范化解重大安全风险、应对处置各类灾害事故的重要职责。这句话中,高度凝练了消防救援队伍的使命任务。防范化解重大安全风险,强调的是主动预防,注重风险管控。这要求我们贯彻以防为主、防抗救相结合的方针,坚持防灾减灾救灾一体化建设,着力提高综合减灾能力。

(一)消防救援队伍的使命

国家综合性消防救援队伍承担防范化解重大安全风险、应对处置各类灾害事故的重要职责。这句话中,高度凝练了消防救援队伍的使命任务。防范化解重大安全风险,强调的是主动预防,注重风险管控。这要求我们贯彻以防为主、防抗救相结合的方针,坚持防灾减灾救灾一体化建设,着力提高综合减灾能力。应对处置各类灾害事故,强调的是任务的全方位和多样化。这要求我们从处置"单一灾种"向应对"全灾种""大应急"转变,着力实现多能一体、高效救援。只要是党和人民需要的,我们就毫不犹豫地去做。只要是党中央、国务院交办的,我们就义不容辞地干好。

消防救援人员要深刻理解关于组建国家综合性消防救援队伍的决策。习近平总书记在向国家综合性消防救援队伍授旗并致训词时指出,组建国家综合性消防救援队伍是党中央适应国家治理体系和治理能力现代化作出的战略决策，是立足我国国情和灾害事故特点、构建新时代国家应急救援体系的重要举措。习近平总书记的这一集中概括，深刻阐明了组建国家综合性消防救援队伍的国情实际和时势所需，指明了这一举措的重大意义。消防救援人员要站在全局的高度来深刻感悟习近平总书记的宏阔视野和深谋远虑，深刻领悟习近平总书记和党中央、国务院决策部署的科学性、正确性，自觉做到在思想上高度认同，在政治上坚决维护，在组织上自觉服从，在行动上紧紧跟随。

习近平总书记在训词中还饱含深情地指出：长期以来，消防队伍作为同老百姓贴得最近、联系最紧的队伍，有警必出、闻警即动，奋战在人民群众最需要的地方，特别是在重大灾害事故面前，不畏艰险、冲锋在前，作出了突出贡献。习近平总书记连用三个"最"和一个"突出"，给予消防队伍高度评价。这一评价，表达的是人民的心声，强调了消防队伍是一切为了人民利益的队伍，是始终为人民利益战斗不息、在所不辞的队伍，是党和人民不会忘记、高度信赖的队伍。这一评价，体现了特殊关怀，既代表党和人民对消防队伍历史贡献的充分肯定，同时也是对消防人员肩负新使命、迈向新征程的激励鞭策。我们在备感骄傲和自豪的同时，要进一步强化责任感、使命感，建设好队伍，履行好使命。

（二）消防救援人员的理想信念

理想因其远大而为理想，信念因其执着而为信念。"四个自信"的重要论述，是对中国特色社会主义共同理想的坚定承诺和现实推进，也是对实现中华民族伟大复兴的坚定把握。广大消防救援人员要从党领导社会主义现代化的伟大变革实践中，坚定"四个自信"汲取信心和力量，以生逢其时的自豪感、重任在肩的使命感，切实增强对中国特色社会主义的思想认同、政治认同、情感认同和价值认同，为打造国内顶尖、国际一流的应急救援队伍努力奋斗。

消防救援队伍作为在党的绝对领导下的综合性常备应急骨干力量，要承担急难险重任务，必须具有坚定的理想信念和甘于牺牲奉献的崇高思想境界，必须牢记习近平总书记的教导，坚持以人民为中心的根本立场，以对理想信念矢志不渝的坚定追求，培育为党和人民利益忘我奋斗的思想情操。并牢固树立宗旨意识，筑牢服务人民、保民平安、为民奉献的思想根基，把习近平总书记指出的"永远竭诚为民，自觉把人民放在心中最高位置，把人民褒奖作为最高荣誉,在人民群众最需要的时候冲锋在前"落到实处。要始终坚守坚韧不拔、百折不回的意志品质,任劳任怨、尽心尽力,甘愿当好党和人民的"守夜人",为维护人民群众生命财产安全而英勇奋斗。

消防救援人员应始终保持坚定的政治立场,坚持党对队伍的绝对领导,牢固树立"四个意识",坚决维护习近平总书记党中央的核心、全党的核心地位,坚决维护党中央权威和领导,做到绝对忠诚、绝对纯洁、绝对可靠;始终坚持正确的政治方向,把对党的忠诚贯穿到队伍建设的各方面和应急工作的各环节,以救民于水火、助民于危难的实际行动,夯实国家综合性消防救援队伍的理想信念;始终严守政治纪律和政治规矩,坚决听从党的号令,坚决贯彻习近平总书记"五个必须、五个决不允许"的政治要求,坚决拥护改革,始终保持政治上的清醒和坚定。并不断提升政治能力,严肃党内政治生活,强化党性锻炼,确保队伍始终听党话、跟党走,永葆对党忠诚的政治本色。

英雄百炼成钢,消防无上荣光!

事例一 杨科璋,生前系广西壮族自治区支队名山中队政治指导员。2015年5月29日深夜,民房起火,有人被困,杨科璋接到任务,与战友们紧急前往火灾现场。此时大火在大楼第2、3、4层猛烈燃烧,这座9层建筑中的生命发发可危,楼内的临时木梯已被烧毁,杨科璋和3名战友组成搜救组,沿消防梯爬到起火楼房楼顶,逐层往下搜救。然而,狭窄的楼梯间形成"烟囱效应",吸收着火场的高温和浓烟,即使借助强光灯,还是伸手不见五指。终于,杨科璋和战友们在摸索中,发现5楼一处卫生间内,有3名被困人员,1名妇女瘫坐在地,10岁大小的女孩,因为吸入烟雾剧烈呕吐,另一个小女孩也不停咳嗽。浓烟正不断涌入卫生间,如果原地等待被困人员会有生命危险,杨科璋立即用防火服包住小女孩冲出卫生间。时间一点点流逝,当其他被困人员平安脱困时,杨科璋和小女孩,却久久不见踪影,战友们返回着火建筑,一处一处搜索着他们的踪迹,终于在一楼电梯井口处,发现小女孩。一片漆黑中消防队员伸手去抱孩子,可孩子被什么卡住了,他摸过去,那是杨科璋的手。"我用了一定力气,才把他的手打开"。战友回忆道,"他就那么仰面躺着,胸前的双手,紧紧环抱着女孩。"

那天起火的楼烟雾太大、能见度低,杨科璋在5楼踩空坠楼时他把小女孩护在怀中,保住了女孩的生命,而他却永远地离开了热爱的战场,年仅27岁。"高空坠落紧急避险是我们的常训科目,杨科璋坠落时只要本能地张开双臂抓摸到楼板或钢筋,就能减缓下坠的冲击,调整落地姿势极有可能生还。"杨科璋的战友欧灵说,"但他没有张开双臂,因为他怀里还抱着小女孩,他把自己的血肉之躯当成孩子的保护垫。""大姐,我救你女儿出去,你放心!"这是杨科璋留下的最后一句话,他做到了。杨科璋生前参与过200多次救援。他和战友从生死线上抢救回160多条鲜活的生命,这一次他用自己的生命完成了最后一次救援。他的烈火青春,如流星划过让人泪目,也让人铭记。2015年6月1日公安部批准杨科璋同志为革命烈士,颁发献身国防金质纪念章。2017年,杨科璋入选"感动中国2017年度人物"。

事例二 2020年的夏天,我国的南方多省遭遇了严重的洪涝灾害,危急时刻我们总能看到逆行的人们。一个始终坐在救援冲锋舟最前面的身影,永远地定格在了那个夏天。2020年7月,连续的特大暴雨让庐江县的降雨量超过了有气象记录以来的最高值,庐江县很多村庄被大水淹没。同大镇连河村紧急求助庐江县消防救援大队,正在其他村救援的教导员陈陆带领消防员迅速前往,这已经是陈陆第411次连续接警了。而这时的陈陆已接近96个小时没有休息了,并且由于长时间的日晒水泡,他的双腿红肿,行走艰难,体力已经严重透支。但是,陈陆仍然再一次地咬着牙,登上了冲锋舟。水位越涨越高,险情突然发生。大坝上的溃口突然被冲开,洪水大量涌入,他们乘坐的冲锋舟失控侧翻。40分钟后,船上另外三名落水消防员被战友们救起,而陈陆却再也没有力气游出水面。两天之后,在下游两公里的地方,找到了陈陆的遗体。

陈陆出生在军人家庭,父亲是边防军人,妻子是一名公安民警。一年里陈陆有300多天都住在大队,一个月才能回来一两次跟家人团聚。"我会守好庐江!"是陈陆对父亲最后的承诺,也是他用生命兑现的对国家和人民的承诺。

(三)消防学子的青春梦想

热血青年追梦火焰蓝,铸就人生最亮底色。莘莘学子青春正当时,绽放事业最美华章。"青年强,则国家强。"习近平总书记在二十大报告中提出了对青年人的殷切希望,而我们作为新时代青年大学生,在中国特色社会主义进入新时代的关键时期,更应该肩负起时代赋予我们的重任,努力做一个有担当精神的大学生。

今朝消防学子,明日国家栋梁。同学们通过学习,能进一步增强对消防救援职业的认同感、荣誉感和自豪感,激发投身消防救援事业的热情。在学习训练生活中,深入践行习近平总书记的训词精神,坚定理想信念、珍惜学习时光、苦练岗位技能、提升专业素养,把自身的理想追求与国家应急管理事业和消防救援队伍需求紧密联系在一起,切实担负起相应的职责,为推动消防救援事业高质量发展做出应有的贡献。

三、砥砺初心 践行使命

(一)训词为魂,矢志不渝对党忠诚

树立政治信念,听从改革号令,切实把习近平总书记和党中央对消防救援队伍的关怀转化为投身消防救援事业、干好本职工作的强大动力。坚决做到转隶不转作风、换装不换思想、退役不褪本色。

消防救援队伍面对改革大考,在党中央的坚强领导下,全体人员主动提高政治站位,牢固树立"一盘棋"思想,不断强化服从命令、听从指挥,干好本职、谋好发展的改革担当精神,以绝对忠诚的政治品格维护消防安全形势平稳和队伍安全稳定,实现了"转改"和"稳定"的并驾齐驱,向党和人民交上了合格答卷。对于每名消防救援人员来说,第一职责就是为党工作,不管身处什么样的岗位、有什么样的分工,都要时刻牢记,我们个人的成长进步和价值获得都是党组织关心关怀的结果,我们要时刻对照党章、对照共产党员的标准要求自己,在本职岗位上有所作为。

三年栉风沐雨,三年勇毅笃行,三年砥砺奋进,三年春华秋实。近三年来,中国消防救援学院广大师生坚决扛起光荣旗帜,忠实践行训词精神,把立德树人作为根本任务,把服务应急作为最高追求,把学科建设作为发展根基,把改革转型作为强大动力,把加强党的建设作为坚强保证,在求索和追寻中熔铸,在奉献和担当中淬炼,奏响了一曲"为党育人,为消防救援事业育才"的时代凯歌!

(二)训词为本,矢志不渝严明队纪

纪律严明,要求我们始终坚持队伍稳定不含糊,守好安全关和廉洁关"两个关口",确保队伍高度安全稳定和集中统一。全体人员坚持从自我严起,从眼前做起,从细节抓起,严守党的政治纪律和各项禁令法规,时刻做到心中有

纪、心中有戒，自觉画好红线、标好底线，真正用自身的模范行动和表率行为带领队伍，努力树好标杆、做好表率，筑牢拒腐防变的思想防线，引导指战员守纪律、讲规矩、存戒惧，增强防腐拒变意识和抵御风险能力，全力确保队伍安全稳定。

规范管理要从基层做起，强化队伍正规化建设，准确理解队伍正规化建设的时代内涵。要将正规化建设贯穿于日常管理、执勤、执法、训练、学习等活动中，软硬件建设同步、规范、精细，将抓好队伍正规化建设当成推动队伍全面建设的一个重要抓手，是巩固和提高队伍战斗力的一个有效途径，是确保圆满完成以执勤、执法为中心的各项工作任务的基本保证。

（三）训词为基，矢志不渝赴汤蹈火

消防救援队伍承担着防范化解重大安全风险、应对处置各类灾害事故的重要职责，时刻面临着生与死的考验、血与火的洗礼，这要求我们始终坚持聚焦打赢不放松，传承英勇顽强、不怕牺牲的战斗作风。

建设具有中国特色的应急救援主力军，需要在"专业化"和"职业化"的道路上不断求索，强化不畏艰险、敢打必胜的信心勇气。要勇挑重担、攻坚克难，才能承担起党和国家交付的神圣职责。要紧盯"全灾种、大应急"的职责定位和任务要求，抓好"关键少数"，发挥"头雁效应"，不断深化岗位大练兵活动，让队伍各级撸起袖子、迈开步子，实现以上率下，层层立标杆，处处做典范，着力构建"数据引领、精兵多能、编成高效、指挥协调"的新型执勤训练和作战模式，保证我们这支队伍"召之即来，来之能战，战之必胜"。

（四）训词为需，矢志不渝竭诚为民

竭诚为民，要求我们始终坚持履职尽责不马虎，救民于水火，助民于危难，全面提升服务保障能力。当前，深化消防执法改革、部分职能移交、权限调整和三定方案落实等工作正在有条不紊地进行。越是在这样的考验中，就越要体现出我们为人民服务的宗旨，要真正做到"解放思想、提升基础、转变形象"，把发现和解决问题作为核心环节，做到把合理合法的问题全面解决到位、把合理不合法的问题协调处置到位、把不合理不合法的问题宣传解释到位。在工作中认真听取意见建议，运用自查和监督等多种方式，认真查找存在的问题，

不留死角、不留盲点、不留空白,在解决问题上事事有着落、件件有回音。

新时代要有新作为,新作为要有新担当。我们要始终把初心和使命作为持久的精神食粮,以更加坚定的理想信念、更加高昂的战斗意志、更加扎实的工作作风,扛起主力军、国家队的旗帜,担起国家综合性消防救援事业的历史责任。

四、总结

国家综合性消防救援队伍是应急救援的主力军和国家队,承担防范化解重大安全风险、应对处置各类灾害事故的重要职责。作为消防学子,大家要明白,我们的职责任务就是只要党和人民需要的,我们就必须毫不犹豫去做、义不容辞干好!真正做到敢上刀山,敢闯火海,"召之即来,来之能战,战之必胜"。

消防救援队伍是一支战功赫赫、英雄辈出的队伍。英模像星光一样闪亮、荣耀像珍珠一样璀璨,被老百姓亲切称为"平民英雄""最美逆行者"。消防救援队伍是一个大熔炉、一所大学校、一个大舞台。只要大家锚定目标、立足本职、苦干实干,每个人都有崭露头角的机会、施展才华的空间、出新出彩的时刻。消防学子是消防救援队伍的优秀人才储备,是队伍的新鲜血液和新生力量,是确保我们这支战斗部队旺盛生命力和强大战斗力的根本保证。

同学们作为党和国家事业发展生力军,必须练好内功、提升修养,勤学苦练、增强本领,努力成为可堪大用、能担重任的栋梁之材。不忘初心,勇担使命!

重任在肩
砥砺前行

组建国家综合性消防救援队伍,是党中央为适应国家治理体系和治理能力现代化作出的战略决策。改革转制以来,消防救援队伍不负党和人民重托,继承发扬优良传统,赓续光荣使命,不忘初心,砥砺奋进,圆满完成了各项急难险重任务。

一、消防机构与消防救援队伍的发展

(一)消防机构的悠久历史

大家都知道,火的应用对人类发展和社会进步产生了深远影响。但火在造福人类的同时,也会给人类带来灾难。人类从开始用火那一天起,对火的控制和管理也就随之出现,这就是今天所说的消防工作。中华民族是最早支配火这种自然力量和最早创造消防文化与消防科学技术的民族之一。相传五帝时期,就设有"火正、火师"的官,掌祭祀火星和"行火之政令",他们的主要职责是掌管用火。到了秦汉时期,设立了治安消防管理机构。皇宫和京城的警卫军队负责消防任务,这是中国早期警察、消防体制的萌芽。唐代针对消防设立"武候铺",宋代设立"防隅巡警",元代、明代设立"救火兵丁",清代设立"防范火班",民国时期在公安部门设立消防科室,这些都是专职的消防组织机构。从这些历史,我们可以看到,无论是朝代更迭还是阶级消亡,消防都不会灭亡,这是一项事关社会安全的重要工作。

随着我国经济和社会快速发展,城镇建设和新农村建设日新月异,社会经济结构的调整变化以及生态环境的恶化,使得致灾因素增多,各类事故灾害多发,灾害的群发性和链状特征越来越突出,传统的"分地区、分部门、分灾种"的防灾减灾体系已经无法适应持续发展的要求,公共安全日益成为人们关注的重要课题。

(二)消防救援队伍的重大变革

国家综合性消防救援队伍是一支新时代党缔造的队伍。党的十八大以来,以习近平同志为核心的党中央,着眼于我国灾害事故多发频发和救援力量与社会资源体系不一的现状,着力推动中国特色应急管理体制改革。在这样的背景下,国家综合性消防救援队伍应运而生。2018年8月22日,中共中央办公厅、国务院办公厅印发《组建国家综合性消防救援队伍框架方案》,就组建国家综合性消防救援队伍、建设中国特色应急救援主力军和国家队做出部署。2018年11月9日上午,中共中央总书记、国家主席、中央军委主席习近平向国家综合性消防救援队伍授旗并致训词,代表党中央向全体消防救援人员致以热烈的祝贺。习近平总书记亲自为国家综合性消防救援队伍授旗并致训词,饱含着总书记和党中央对国家综合性消防救援队伍的高度重视和亲切关怀，为新时代消防救援队伍建设注入了强大精神动力和不竭力量源泉。这是国家综合性消防救援队伍开创之日、缔造之时，标志着一支新时代党缔造的队伍举旗定向，踏上征程！

消防救援队伍由公安消防部队和武警森林部队转制而来，对党忠诚一直是这支队伍薪火相传的政治基因。无论是在西安液化气储罐区和黄岛输油管道的爆炸现场，还是在汶川地震和舟曲泥石流的救援一线，消防救援队伍始终感念党恩，冲锋在前。在新时代发展环境下，消防救援队伍更加坚持党的绝对领导，担负起党和人民赋予的神圣使命，时时处处事事对党绝对忠诚。

投身消防，也许是因为我们曾亲历灾难火场，深受震撼，因此心生崇敬；投身消防，也许是因为我们曾目睹生死营救，深受感动，因此心怀感恩；投身消防，也许是因为我们喜欢消防红和火焰蓝，深受感染，因此激情壮怀、力量满满。消防救援队伍，承载着我们的崇敬、感恩、激情和力量，已经为我们展开怀抱。在这里，我们将翻开人生崭新的篇章。

二、新时代消防救援队伍面临的挑战

（一）消防救援队伍的新职责与新使命

党的十八大以来，以习近平同志为核心的党中央对应急管理工作高度重视，做出一系列重要指示，提出一系列新理念。习近平总书记重要训词着眼历史和时代的发展，科学回答了"为什么建设国家综合性消防救援队伍、建设什么样的国家综合性消防救援队伍、怎样建设国家综合性消防救援队伍"等一系列根本性、全局性、方向性的重大理论和实践问题，是新时代消防救援队伍建设发展的根本指南和行动纲领。训词中明确要求，国家综合性应急救援队伍承担防范化解重大安全风险，应对处置各类灾害的重要职责。这是党中央赋予国家综合性消防救援队伍的新使命和新要求。新使命要求从处置"单一灾种"向应对"全灾种""大应急"转变，不再局限于传统的防火灭火和抢险救援，而是扩大到包括地震、水灾、旱灾、泥石流、危险化学品、核事故等各类灾害事故的处置；新使命要求在处置各类灾害事故中都要当先锋、打头阵，尤其是在处置重特大灾害事故中要发挥不可替代的主力军作用；新使命要求我们的综合应急救援能力是最出色的,代表国家最高的能力水平;新使命要求我们不仅要承担国内应急救援任务,还要具备跨境、跨国救援的能力,展现世界大国的责任担当。

现在消防救援队伍正面临着思想波动、准备不足与新使命要求之间的挑战,正面临着特殊灾害事故救援能力不足与全灾种覆盖任务繁重之间的挑战,正面临着特殊灾害装备不足、缺失与装备需求革新升级之间的挑战,正面临着实战训练基础设施老旧、欠缺与改制后的实战化训练要求之间的挑战,正面临着多部门联合作战磨合期与专业指挥人才短缺的挑战,面对新使命、新要求,我们要切实承担和应对"全灾种""大应急"的各项准备。

(二)消防救援队伍的思想政治教育

思想政治教育工作是消防救援队伍管理工作的生命线。在新的历史时期,人们的思想观念日趋复杂化、多样化,价值取向和行为方式也发生了巨大变化。在新形势下,如何打造一支和谐、进取、乐观、奉献、健康的消防救援队伍,是摆在思想政治教育工作者面前的一个亟待解决的课题。只有运用新方法、新思路、新举措,创造性地开展思想政治宣传工作,重视用"以人为本,凝聚人心"的方式营造良好环境,才能为稳定这支特别的队伍起到积极的推进作用。

当前消防救援队伍中年轻群体比例不低,拥有着较强的自我意识、独立意识、发展意识,然而工作生活圈子窄、发展空间较为有限、工作和家庭存在双重压力,这些均易给消防员带来思想波动。尤其在改革转制期间,更易受到外界"风吹草动"以及不实言论的影响。因此,思想政治教育工作面临新挑战,亟待解决新问题。

(三)消防救援队伍的灭火救援任务

一方面,随着新时代的到来,灭火救援事故的种类愈加繁杂,且涉及知识面更为广泛,对消防救援人员的专业素质提出更高要求。例如,在城市化高速推进的过程中,建筑物材料选择更为细化,引发火灾的要素也愈加增多,相应地也就要求消防工作能够有针对性地应对这些引发火灾的因素。因此,相较于传统类型事故的救援方法,目前的消防队伍也应与时俱进、不断提升专业水准,以在遭遇不同类型的灾难事故时采取准确、快速的行动。同时,当前的灭火救援工作更加重视数据信息的收集和社会多行业资源力量的整合,消防员需拥有一定的判断和使用信息的能力,从而提升救援工作的整体效率。

另一方面,消防救援难度升级,除救援工作自身问题外,人口密集化也给救援工作带来难度与挑战。具体来说,在城市化的发展进程中,城市内部出现了不同阶层、分布密集的高大建筑物。当前,高大建筑物内已经形成了不同阶层的居住生活空间。同时,还加剧了人口的密集化现象。人口的过度密集不但影响了城市的正常建设,还会给其内部人员造成极大的安全隐患。倘若发生火灾等危险事故,会给该区域的居民带来极大的安全威胁。因而在实施救援工作的过程中,消防人员既要依照火灾发生的实际状况进行灭火控制,还要及时疏散受困人员,适时救治受伤人员,这在无形中增加了灭火救援任务的艰难性与复杂性。

三、打造高素质的消防救援队伍

(一)高举旗帜,坚定理想信念

全心全意为人民服务,是中国共产党的根本宗旨。这个宗旨既是初心,也是使命。不忘初心、牢记使命,就是不忘全心全意为人民服务,就是牢记全心全意为人民服务。消防救援队伍是党的队伍、人民的队伍,也就必然要坚定地高举"全心全意为人民服务"的旗帜,坚定共产主义的理想信念,时时处处都能够为党分忧、为民解困。消防救援队伍的特殊性质和肩负的职责使命,决定了我们必须把对党忠诚摆在首位。所谓对党忠诚,就是要坚决听党话、跟党走,坚定广大指战员的理想信念,使队伍成为党绝对领导下的过硬的队伍,确保在任何时候都能拿得出、打得赢。因此,全体消防救援人员要深入学习习近平新时代中国特色社会主义思想,不断增强"四个意识"、坚定"四个自信"、做到"两个维护",锻造一支绝对忠诚、绝对纯洁、绝对可靠的"消防铁军"。

一要强化理论学习。习近平总书记在2019年春季学期中央党校(国家行政学院)中青年干部培训班上强调,政治上的坚定、党性上的坚定都离不开理论上的坚定。面对日趋复杂的国际国内环境,只有坚持用正确的理论武装头脑、指导实践,才能更好地解决队伍改革发展中所面临的各种难题。

二要丰富思想政治教育活动。思想政治教育的方式方法是完成思想政治教育的桥梁，也是实现思想政治教育主动性、针对性、实效性的重要保证。要充分利用各种信息资源，创新教育手段，开展"线上+线下""理论+实践"多种模式的思想政治教育活动，克服传统思想政治教育活动枯燥乏味、效率低下的弊病，提升思想政治教育活动促团结、增信心、给激励、提效率的功能。

三要加强组织领导。各级党委要充分发挥领导作用，抓住关键少数，管好关键少数，用好关键少数，要严肃党内纪律，净化党内风气，坚守政治底线，发挥民主集中制的优势，确保队伍始终走在正确的道路上。

(二)牢记职责，苦练过硬本领

消防救援队伍必须牢记职责，在应急管理部的领导下，除了要加强消防法律、法规的宣传，并督促、指导、协助有关单位做好消防宣传教育工作，更为重要的就是苦练过硬的专业化、职业化本领。

一要深入学习法规，牢记职责。消防救援队伍要深入学习和宣传最新修订的《中华人民共和国消防法》。通过学习，明确并牢记消防救援队伍的职责，在消防法的框架下实施监督、规范管理，落实法律的底线要求，维护法律所设定的"预防火灾和减少火灾危害，加强应急救援工作，保护人身、财产安全，维护公共安全"的目标。

二要加强日常训练，聚焦能力提升。消防员需要充分的理论学习和日常的专业技术培训，实行考核淘汰制度，定期组织实战化考核，确保队伍具备持久高效的战斗力。对消防救援指挥人员也要进行定期的培训与指导，使其掌握先进的指挥技巧，熟知灵活的处理方式，增强应变能力。

三要加强实战演练，重视交流合作。消防救援队伍要加强实战演练，在实战中提升应对能力。同时，还应与政府、医疗、公安、社会消防组织等部门交流合作，形成统一协作的工作机制。如定期深入辖区内重点单位进行灭火演练，增强对辖区的熟悉程度，培训和指导社区内工作人员的消防自救能力。

四要严明队伍纪律，锤炼过硬作风。纪律是消防救援队伍的行为规范，是能够正确有效履行职责的根本保证。我们要坚持纪律部队建设标准，弘扬光荣传统和优良作风，严格教育、严格训练、严格管理、严格要求，服从命令、听从指挥，集中统一、步调一致，用铁的纪律打造铁的队伍。

(三)提升硬件,加速装备革新

消防救援队伍所需训练的场地、设施、服装、用具、生活的空间及条件,都要不断地提升,不断地加速装备的换代革新,力争把最好最先进的设备和工具装备到消防一线。就实际情况来看,消防救援队伍还处于改革发展的初期,各种先进装备还没有列装基层队伍。

一是必须保证和逐步提高资金保障。消防救援队伍的重要性毋庸置疑,更无须多言。只有做到了保证资金到位,才能保证设备等一系列救援工具的更新换代。这对保障救援队伍的救援效率和人员的生命安全至关重要。

二是必须检验硬件设备、救援工具的实用性、有效性。各种救援设备及工具五花八门,这就需要识别和挑选出实用性强、救援效率高的设备和工具。所谓"工欲善其事,必先利其器",就是这个道理。

三是重视和加强消防员心理减压、娱乐放松的设备的投入。消防救援队伍因工作性质特殊,救援任务往往是极其危险的,需要高强度的体力、心力投入。高度危险导致高度紧张、高度恐惧。心理减压和娱乐放松的设备,有助于消防员释放压力、缓解疲劳、娱乐身心。

(四)以人为本,涵养为民情怀

消防救援队伍要永远竭诚为民,自觉把人民放在心中最高位置,把人民的褒奖作为最高荣誉,在人民群众最需要的时候冲锋在前,救民于水火,助民于危难,给人民以力量,在服务人民中传递党和政府的温暖,为维护人民群众生命财产安全而英勇奋斗。

一要与时俱进,转变思维,加快创新。新形势下,人民群众面临的各种困难日趋复杂多样,原有的思维模式和救援能力已经不能够满足人民群众的实际需求。在发展过程中,消防救援队伍要根据灭火救援实际情况,与时俱进,积极开拓创新,形成开放包容的良好发展氛围。

二要加强交流,联系群众,走入基层。改革转制以来,消防救援队伍打破了原有的束缚,与地方人民群众的交流更加密切。基层消防救援站要积极深入社区,主动开展宣传交流。要开展多种联谊活动,增进消防部门与各单位之间的友谊。

三要加大宣传,发动群众,依靠群众。要充分运用新媒体平台,利用抖音、微博、公众号等手段,让广大人民群众认识消防、了解消防、尊重消防、热爱消防,发动平时有训练、战时能出力的群众参与消防救援任务。同时,依靠群众发现危险、报告危险,依靠群众组织动员、组织疏散,协同出力。

　　作为消防救援队伍一分子,我们生逢其时,重任在肩,一定不负时代,不负韶华。让我们响应时代号召,对党忠诚,纪律严明,赴汤蹈火,竭诚为民,坚决做到服从命令、听从指挥、恪尽职守、苦练本领、不畏艰险、不怕牺牲,为维护人民生命财产安全、维护社会稳定贡献自己的一切。

为荣誉而战

克劳塞维茨说:"在一切高尚的感情中,荣誉心是人的最高尚感情之一,是战争中使军队获得灵魂的真正的生命力。"崇尚荣誉是消防救援队伍一直以来的优良传统,也是抢险救援的内生动力。为荣誉而生,为荣誉而战。消防救援队伍的荣誉包含着丰富内容,体现在时时处处。一支崇尚荣誉的队伍,必能前赴后继、无往不胜;一名向往荣誉的消防队员,必能勇敢战斗、争取胜利。在荣誉的背后,是辛勤付出的汗水,是历尽艰辛的坚持,是对自我的不断挑战,是对党和人民的责任。我们要为荣誉而战,要为梦想加冕。

一、荣誉的意义和价值

(一)荣誉塑队魂,做最好的自己

什么是荣誉?荣誉是社会组织给予的正式的积极的评价。

作为一名国家综合性消防救援队伍的消防员,更是大国应急救援体系中的一员,不仅要完成工作任务,还要积极主动地抓住命运中自己可以选择、改变的部分并使之最大化,做最好的自己,更要把个体的青春热血融入消防救援队伍的灵魂与荣誉中。

改革转制后,新时代消防救援队伍实现了很好的转型升级。有的人说"忠勇兼备,指技俱精"是队魂,有的人说"责任、敬业、荣誉、使命"是队魂,都没错。转制以来,应急管理部积极推进应急管理体系建设,应急指挥信息网实现了部、省、市、县贯通,建成了满足"全灾种、大应急"指挥调度需求的应急指挥一张图,搭建了应急资源管理平台,健全应急资源快速调拨机制,精准调运救灾物资。经过持续深化改革,我国应急管理工作实现了从分散管理向综合统筹的重大转变,护航经济发展和社会稳定大局能力明显增强,有效提升了人民群众的获得感、幸福感、安全感。

(二)奋进新时代,甘当最美守夜人

军人的荣誉,来自祖国土地寸土不丢的大义凛然,来自一次次下意识的出手、一桩桩不留名的好事。人们为他们交口称赞,他们却视为寻常,为人民服务的信仰早已融入血脉之中。

不论是从前作为军人,还是现在作为一名职业消防员,都要立足本职岗位,坚决做到服从命令、听从指挥,不断加强体能、技能训练,用先进的灭火救援知识和技能武装自己,确保在危难来临的时候能多出一份力,多救一个人,用实际行动回报党中央、习近平总书记的殷切关怀。

只要人民需要、政策允许,所有消防救援人员将持续奋战在这支具有光荣传统的队伍中,通过一次次的训练和战斗实现自己的人生价值,把全部青春都奉献到维护人民生命财产安全的消防救援事业中。相信全体消防救援人员都能够做到信念不变、使命不变、责任不变,以最高的标准、最大的干劲、最好的形象,投身于新时代应急管理事业。全体消防救援人员在火灾扑救、抢险救援过程中涌现出的感人事迹和崇高精神,充分展现了新时代消防救援队伍不畏艰险、冲锋向前、努力做好党和人民的"守夜人"的坚定信念和专业能力。

荣誉属于过去,表彰只是起点。在捍卫荣誉的道路上,消防救援人员必将继续以训词精神为指引,厚植为民初心,锤炼过硬本领,勇担使命向前,继续当好党和人民的"守夜人"!

二、缺乏荣誉感带来的不良影响

(一)带给个人的不良影响

第一,个人与集体相分离。缺乏荣誉感的队员,其表现是常常只考虑自己的事情、照顾自己的情绪,而不把集体的事情和其他队员放在心上,不关心甚至冷漠地对待周围的同志。久而久之,个人与集体之间出现裂缝,愈走愈远,离心离德。

第二,与人相处产生矛盾。缺乏荣誉感的队员,一般不会去主动帮助他人,性格上相对也比较自私,做事只喜欢占小便宜。自己不能吃亏,处处占尽好处。这样容易与同事们产生矛盾,与同事们相处起来不融洽,甚至影响别人对自己的看法和舆论风评。

第三,思想与工作出问题。缺乏荣誉感的队员,在集体生活中,对自己的价值认识比较浅薄,更不清楚自己可以创造出多大的价值。对待自身发展和集体建设都持着无所谓的态度,思想松懈、作风松散,万事不上心,不严格要求自己,从而导致个人能力和职业素养退化。

(二)带给集体的不良影响

第一,会降低集体的凝聚力和向心力。一个好的集体需要集体中的每一个人共同努力、积极奋斗、开拓进取,而缺乏集体荣誉感的人不会在集体中尽心尽力地努力工作。消防救援队伍中无论是中队、大队、支队,还是总队,一旦缺乏集体荣誉感,整个队伍就是一盘散沙。队伍中的个人缺乏集体荣誉感,对于集体就是一个不稳定因素,队伍整体就不能拧成一股绳,不能发挥出整体的优势。

第二,会耽误甚至破坏集体的工作。缺乏集体荣誉感的队员不仅自身不能好好工作,而且会影响到他人的正常工作。或者惹出不必要的事端,或者降低集体的工作效率,或者损害集体的救援能力。基层有句话:"出了问题,一年白干。"很直白地道明:集体中的任何一个人出了问题,集体的评价考核都会受影响,甚至会使集体长时间的努力与付出都被抹杀。

(三)对消防职业的不良影响

对人民群众而言,国家综合性消防救援队伍是一支对党忠诚、纪律严明、赴汤蹈火、竭诚为民的队伍。一旦缺乏集体荣誉感,行事自由散漫,必然影响消防救援队伍在人民群众中的印象与评价,可能带来新闻媒体与社会舆论上的负面报道,失去在人们心中固有的可靠形象,使队伍发展脱离群众根基,最终损害消防救援队伍光荣的职业形象。

三、如何为荣誉而战

(一)稳定强基,持续奋斗

荣誉不仅能够提高消防救援队伍的社会地位,而且能够起到稳定队伍、强化基础的作用。立下战功获得荣誉的过程,也是消防救援队伍艰苦训练、拼杀火场、英勇奋斗的过程。奋斗不是靠一腔热血,也不是三天打鱼两天晒网。没有恒定的目标,没有扎实的埋头苦干,没有专精的业务技能,是万万不能的。消防救援队伍的发展史就是一部水与火、血与歌的荣誉史,更是一部充满着苦与累、生与死的奋斗史。

首先,奋斗是消防救援人员加强凝聚力、提升战斗力和增强荣誉感的不二动力。细看消防救援队伍的荣誉史,是一代一代消防救援人员为了人民群众的生命财产安全和社会稳定的光荣奋斗史。唯有奋斗才是加强消防救援队伍正规化建设和救援能力的强心剂。

其次,奋斗是取得荣誉的必要前提。奋斗的过程,就是身陷火海、高悬于空、浸入洪水、深入山林等等排除千难万险、解救危地人员的过程。这其中充满各种无可比拟、无法言说的压力、痛苦、挫折、煎熬。唯有奋斗可以磨灭痛苦、苦中作乐、向死而生。

最后,奋斗更是荣誉感的体现。消防救援队伍的荣誉感体现在恪尽职守、苦练本领、不断奋斗的工作中。奋斗正是这支让党中央放心、让人民群众满意的消防救援队伍应该保有的精神品质。最伟大的荣誉是人民的褒奖,奋斗是为了最广大的人民。

消防救援队伍要在工作中不断寻求突破,寻求成效,寻求改变,寻求作为。让我们心怀"千磨万击还坚劲,任尔东西南北风"的坚定信念,正视各种风险和挑战,敢啃硬骨头、敢于涉险滩,打好现实生活中各类困难险阻攻坚战。

(二)定心守望,埋头实干

实干创造实绩,荣誉激励前行。实干不是打马虎眼欺骗他人、欺骗自己。毛泽东主席曾说:"不解决桥或船的问题,过河就是一句空话。"这个生动比喻深刻说明了干事方法的重要性。实干不是胡干、瞎干,要讲求科学的方式方法、正确的理论指导。

一要立足实际,遵循规律,掌握特点,精准发力。实干胜于空谈。只有实干才能体现消防救援队伍的职能性质和战斗精神。荣誉的获得绝不是整天混迹游耍,而是要在思想上摆正心态,摒弃形式主义、虚无主义等,坚持踏踏实实为民服务,积极工作。

二要尽职尽责,不懈追求,专精技能,奋力向前。实干并不仅仅是为了获得荣誉,而是在平凡的岗位上尽职尽责,是以孜孜不倦的敬业精神追求卓越,是以专业精尖的技能追求高效,是以脚踏实地、奋力向前的黄牛精神为人民服务。

三要实干在当下、奋斗在当下。荣誉是过去,荣誉也是将来。只有实干,才是当下能做可做、能做好可做好的。荣誉感就是在当下自己的岗位上发挥实干精神,在自己的岗位上做出不平凡的事业,遇到工作不推诿、遇到困难去克服,群策群力,勇挑重担,不图虚名,不务虚功,切实承担起责任和使命。

(三)凝心聚气,敢于担当

"责重山岳,能者方可当之。"荣誉的背后是责任、是担当。唯有担当才能防范重大安全风险,化解各类困难险情。基层是担当作为的主战场,面临着任务重、压力大、待遇低等困境。唯有静养身心、汇聚正气、凝结真知,才能敢于担当,敢于作为。

首先，应打破僵化思维、定式思维，学习创新型、发展型、开放型理念，在勇于担当、善于作为的救援实践中创新工作思维，发展工作方法，开放交流合作，利用一切可利用的资源，"逢山开路、遇水架桥"，开拓坦途。

其次，要适应新变化、回应新需求，学习系统论、控制论、信息论思想，提升认识水平，树立全局观、大局观，发展应对能力，练好专项本领、特殊本领，以在实战时底气十足、成竹在胸。

最后，牢记为人民服务的宗旨，千方百计完成使命任务，要立足本职岗位，沉下心、弯下腰、俯下身投入日常工作中。敢于直面困难，勇于排险化难，善于除危济困。人民群众的小事不小、大事很大，事关人民群众的获得感、幸福感、安全感。

现在，作为新时代的消防救援人员，在"全灾种、大应急"的新形势下，我们的荣誉体现在勇挑重担、敢担当。例如，在每一次出警时，我们都是冲锋在人民群众最需要的地方。面对熊熊的大火、波涛汹涌的洪水和在地动山摇后破碎的家园，我们能够做的是用我们的专业力量、技能和智慧把人民群众从困难中解救出来。在人民群众最需要的时候，给他们信心、力量、希望，给他们安全感、力量感、温暖感。

戎装虽换，使命未改。消防转制以来，我们褪下橄榄绿，穿上了火焰蓝。我们不变的是为人民服务的初心，我们继续传承的是为人民服务的使命。荣誉感是担当的核心，只有拥有荣誉感才能拥有担当精神，才能战无不胜，无坚不摧。这要求我们始终保持锐意进取、奋发向上的精神，不断练就过硬本领，自觉把人民放在心中最高位置，永远做党和人民的忠诚卫士。

我们队伍中流淌着崇尚荣誉的血液，就会为荣誉而顽强战斗；消防救援人员心里播下崇尚荣誉的种子，就会为荣誉而英勇搏杀。只有崇尚荣誉，才能永葆战斗意志，才能保持充沛活力。只有崇尚荣誉，才能成为不辱使命的最美逆行者。只有崇尚荣誉，才能成为"召之即来、战之必胜"的队伍。只有崇尚荣誉，才能继承发扬我们的优良传统，保证圆满完成各项任务，才能无愧于我们的队伍，无愧于我们的使命。

奉献的力量

何谓奉献？奉献是一种真诚自愿的付出，是国人的本色。从"心里装着全体人民，唯独没有他自己"的焦裕禄，到"不治服风沙，就让风沙把我埋掉"的谷文昌；从坚守在边疆保护祖国的祁发宝，到抗洪抢险过程中仍要拼尽全力救援的消防员陈陆……千千万万的人用无私奉献推动了中华民族伟大复兴的进程，也点燃了自己的生命之火。

一、奉献精神

(一)奉献精神的内涵

新时代奉献精神以爱国主义为核心要义,以无私奉献为实践表达,以爱国、爱党、爱社会主义的高度统一为本质要求。党的十八大以来,习近平总书记高度赞扬了一批扎实肯干、奋发有为、无私奉献的党员干部、军人、教育工作者等先进人物,多次在讲话、指示和信件中强调奉献精神应成为新时代奋斗者的价值追求。习近平总书记关于奉献精神的系列阐述弘扬了爱国奉献的主旋律,发起了爱国奉献的动员令。从表面上看,奉献精神是由"爱国"和"奉献"双核构成的,但是"爱国"与"奉献"不是两个无关的概念,而是互为表里、有机统一的整体。百年辉煌,奉献是不变的底色。今天,奉献的内涵没有改变,奉献的意义更为凸显,各行各业都需要不计得失的付出,都呼唤赤诚奉献。

1. 爱国主义:新时代爱国奉献精神的核心要义。

"爱国"是人们的一种真挚、热忱、报效祖国的情感。"主义"代表理念或有完整体系的思想和信念,或为实现不同目标的不同方法。在政治理论中,冠以"主义"这一后缀,往往具有"思想、运动、体制"三种互为相关的内容。"爱国"即爱国主义。也就是说,爱国主义实际上包含着爱国主义思想、爱国主义实践和爱国主义体制三个互为相关的内容。爱国主义就是将对祖国怀有的真挚、热忱、忠诚、报效的情感、思想付诸实际行动,在此过程中形成爱国的制度性安排。当今社会呈现多元价值观共存的现象,辨别和引导多元价值观中的主流文化是国家在意识形态领域的重要工作。国家根据自身功能、责任和定位,对社会上存在的多元价值加以引导、整合形成的核心价值体系与核心价值观就成为一个国家的精神内核,成为整个社会系统政策运转的灵魂与发动机。

2. 无私奉献:新时代爱国奉献精神的实践表达。

无私奉献意味着有觉悟地为别人或者组织不求回报地付出。奉献不能停留在口头上,不能是行动的矮子说话的巨人,需要落实于行动,具有爱国主义情怀的人会将家国情怀转化为无私奉献的精神和行动。无私奉献是新时代爱国奉献精神的落脚点和具体表现,是爱国主义的情感表达,也是公民的责任和义务。一方面,无私奉献是自愿自觉的实践活动。奉献的力量,催生梦想绽放,让灰暗的人生有了色彩。"我生来就是高山而非溪流,我欲于群峰之巅俯视平庸的沟壑。我生来就是人杰而非草芥,我站在伟人之肩藐视卑微的懦夫!"华坪女高的这段誓词,在2021年被一次次提及。誓词的背后,是大山的女孩们不认命的倔强,是张桂梅"九死亦无悔"的坚持。即使身患多种疾病,她始终没有把时间留给自己,因为在她的价值排序里,豁出命来也要改变孩子们的命,再多奉献,都是人间值得!"燃一盏灯,让学生们眼前有光",这是像张桂梅一样的很多乡村教师们奉献的原动力,为的就是"一个都不能少"。奉献的力量,激励不懈奔跑,让奋斗的接力从未间断。另一方面,无私奉献也是公民的责任和义务。无私奉献不仅是一种自愿自觉的行为,也具有一定的强制性和约束性。

3. 爱国、爱党、爱社会主义的高度统一:新时代爱国奉献精神的本质要求。

爱国、爱党、爱社会主义的高度统一是当代中国爱国主义的本质要求。这一思想已被写入《中长期青年发展规划(2016—2025年)》《新时代爱国主义教育实施纲要》等文件之中。以爱国主义为核心要义的新时代爱国奉献精神同样遵循着三者的高度统一,这不仅是党对新时代奋斗者的号召、动员和激励,也作为一种制度化、规范化、程序化的安排予以设计和实施,厚植于中华优秀传统文化中。爱国奉献精神贯穿于中华优秀传统文化形成与发展的全过程。《诗经》作为中国最早的成熟的文学作品就蕴含着对爱国奉献情怀的歌颂和赞扬。其中,《小雅·采薇》是反对非正义侵略战争的代表性诗篇,《秦风·无衣》反映了秦军慷慨激昂、同仇敌忾、团结互助、共御外敌的爱国主义精神,《秦风·小戎》反映了对秦朝男儿习武报国的崇尚。在历史长河中,涌现出了屈原、杜甫、苏轼、顾炎武等一大批文人墨客,他们通过诗词歌赋歌颂了中华儿女的爱国报国情怀。

(二)消防救援人员的奉献思想及岗位现状

将上述理念转移到消防救援队伍身上,体现的就是消防救援人员以人民为中心,全心全意为人民服务。这既是奉献精神之体现,也是自我职责落实的自然结果。消防救援人员是同百姓联系最密切、最近的人。他们奋战在人民群众最困难、最需要的地方,逢警必出,闻灾即响,听令而上,是一支忠诚可靠、竭诚奉献的战斗队伍;是纪律严明、令行禁止的纪律队伍;是使命必达、破浪千里的铁血队伍。何以成就这样的表现与光辉成绩？是植根在消防救援人员心中的奉献精神，使他们乐于、忠于为服务对象倾尽所有，将自己放在人民安全的压舱石上。他们疏于言语，精于行动，这就是奉献精神在他们身上的真实写照。

　　基于这样的奉献心理与精神力量，消防岗位上涌现了一大批英雄模范，他们有的立足自身岗位忠诚履职、无私奉献；有的坚守执勤一线枕戈待旦、厉兵秣马；有的深入战斗现场不惧艰险、冲锋在前；有的全力为民服务破解难题、勇于担当……既有陈陆这样竭诚为民的典范，也有陈建军这样舍己救人的典范，他们折射出中国消防中的点点滴滴，即一个人也像一支队伍，那支造福万世的队伍。

二、奉献精神的时代价值

（一）助力培养责任担当的多功能人才

　　无论什么时候，奉献精神一直是消防救援队伍的精神特质，近几年，更是涌现出了一大批将奉献精神注入自己灵魂的模范中队。居深山、忍孤独、甘奉献、站前沿、当先锋、克难关，这就是大兴安岭原始林区深处的哨兵——奇乾中队的生动写照。一代代消防救援人员在物质条件匮乏、与外界沟通不畅的情况下，凭着对党和人民的无上忠诚和对绿色事业的无限热爱，谱写了一曲曲守护生态的激昂赞歌。"不起火就是最好的赴汤蹈火"是福建三坊七巷消防救援站全体消防救援人员的座右铭，他们组建了"国旗卫士雷锋服务队"，三十一年如一日，坚持以人民期盼为导向，把群众满意当作目标，将竭诚为民作为任务，始终保持同驻地群众的血肉联系。"一入宫门深似海"是形容故宫消防中队最贴切的话，他们靠着全天候、无缝隙、不间断地忠诚坚守，实现了故宫五十年的绝对安全……正是全国各地这样一支支在自己岗位默默奉献的消防救援队伍，诠释了什么是责任和担当，将无私奉献注入血液，把训词精神牢记心中，树立了先进典型和榜样模范。

　　新时代青年要努力成为堪当民族复兴大任的时代新人，成为有责任有担当有贡献的人才，不光需要坚定理想信念的指引，更需要奉献精神的培树，只有才干本领，没有奉献作为，就不能称为有责任担当。在实现中华民族伟大复兴的征程上,每个人都需要增强敢于担当的意识,倡导敢于担当的作风。桥的价值在于能够承载,人的价值在于能够担当,担当得越多,价值越大。人生在有担当中成长,在敢担当中前行,在能担当中辉煌,勇于承担责任会使我们的工作越做越好,会使我们的事业更加辉煌。

(二)成为诠释"最美逆行者"的必要条件

何为"最美逆行者"？是那些迎着困难前进的人,迎着危险前进的人,那些要去消灭危险保护人民群众的英雄们。面对疫情冲锋在前的白衣天使们,守护祖国平安的军人战士们,与犯罪分子斗智斗勇的人民警察,灾难来临时向险而行的消防员们……他们不惧危险,逆向而行,生动诠释着"最美逆行者"的精神。

消防员是一个伟大而光荣的职业,选择它需要一份"苟利国家生死以,岂因祸福避趋之"的勇气;需要"千磨万击还坚劲,任尔东西南北风"的担当;更需要"亦余心之所善兮,虽九死其犹未悔"的觉悟。选择了消防员这个职业,便承担起了不寻常的社会责任。选择了消防员,就选择了奉献;在灾难面前,必须挺身而出,必须"乘风破浪",必须向险而行,必须全力以赴。

成为新时代的逆行者,要有挺身而出、舍生取义的大无畏精神,在祖国和人民有需要时,能够站出来,越是艰险越向前;要有忠诚履职、舍我其谁的担当精神,个人要时刻将自己的职责使命记于心,践于行;要有顾全大局、舍小家为大家的奉献精神,将祖国和人民的利益放在第一位;要有守望相助、大爱无疆的大爱精神,在他人有困难时能够伸出援手,献出一份爱心。

(三)为实现自我目标注入信仰力量

习近平总书记说:"人民有信仰,民族有希望,国家有力量。"信仰,是一个民族的精神内核,也是一个民族的灵魂和脊梁,信仰作为一种精神力量,指引着信仰者的价值追求,影响着信仰者的精神状态,可以指引个人实现人生奋斗目标,提供给人前进的不竭动力,还可以提高个人的精神境界。作为新时代青年,要在事业奋斗的过程中坚定自己的信仰,将它作为我们实现奋斗目标的不竭动力,努力朝着自己的奋斗目标大步向前。如果一个人确立了坚定的信仰,拥有了坚定积极的理想信念,就会生发出惊人的毅力,从而无悔地努力,沿着正确的道路积极前进,成就事业、创造奇迹。

三、培养奉献精神的路径

奉献,是一种真诚自愿的付出行为,是一种纯洁高尚的精神境界,它既能表现在国家和人民需要的关键时刻挺身而出,慷慨赴义,也能融合渗透在日常工作和生活中。过去,一代又一代的奉献者不求回报,全力以赴,把自己的全部光热挥洒在平凡的岗位,甚至献出宝贵的生命。而今,历史的接力棒已经传递到我们这一代人手中,我们要汲取奉献者的精神力量,奋力走好我们这一代人的长征路,用热血之躯谱写一曲忠诚使命、献身使命、不辱使命的奉献之歌,不负党和人民重托,不负时代和韶华。

(一)弘扬先辈精神汲取奉献力量

要继承先辈事业,就要传承无私奉献的牺牲精神。勇于牺牲奉献是革命先烈战胜一切困难的重要法宝,面对危难与敌人,先烈们把生的希望让给别人、把死的危险留给自己,用鲜血和生命谱写了无私奉献的光辉篇章。先烈的事迹启示我们,无私奉献是凝聚人心、成就伟业的强大力量。今天,我们继承和发扬无私奉献的精神,就是要敢于征服一切困难而不被困难所征服,敢于压倒一切挑战而不被一切挑战所压倒。要坚持以党的事业为重,以群众利益为重,扎扎实实做好本职工作,让党组织放心,让群众满意,保持永不懈怠的精神状态和一往无前的奋斗姿态,用忠诚和担当书写新时代的辉煌。

斯人已逝,精神长存。我们今天的幸福生活是无数革命先烈前赴后继,浴血奋战换来的,来之不易。一百年来,无数共产党人和革命军人创造了一个又一个奇迹。作为新时代的消防员,要接过前辈的信仰火炬,就要坚定理想信念,务必做到讲政治、讲党性、讲原则,对标党章党规的要求进行"政治体检",时时处处严格要求自己,立足本职岗位,在千灾万难中救民于水火、助民于危难,在攻坚克难中砥砺品质、锤炼作风,以豁达的胸怀处理得失,以奉献的精神服务人民,相信一定能续写新时代的英雄史诗,在平凡的岗位上实现自己的理想和人生价值。

(二)磨炼拼搏意志

英雄百炼成钢,消防无上荣光。对于新时代的消防员,面对全灾种大应急的任务考验,面对这新时代的大考,我们要交出完美的答卷,就要不断磨炼奉献精神,练就锐意进取的拼搏意志。

首先,要练就实干本领,忠诚有担当。保质保量完成消防员必备的训练任务,不断加强自身消防业务技能素质,增强体能素养,时刻保持练为战的精神状态,在真抓实干中练就本领,在比武场上锤炼能力。必须立志对党忠诚、干净做人、担当作为,自觉运用习近平新时代中国特色社会主义思想武装头脑,一以贯之,知行合一,不改其心、不移其志、不毁其节,更好肩负起党和人民赋予的职责和使命,为新时代建功立业。

其次,要磨砺坚强意志,锤炼拼搏精神。敢于斗争,不仅需要我们年轻人有坚强的斗争意志,还要有勇于斗争的拼搏精神。坚定斗争意志,才能不屈不挠、砥砺前行,才不会在前行路上遇到困难就畏缩不前,遇到困难就打退堂鼓。锤炼拼搏的精神,需要我们以"千磨万击还坚劲"的拼劲和"不破楼兰终不还"的干劲增强执行力,发挥原动力,切实把理论与实际工作相结合,将赤诚党心内化于心,外化于行,不懈奋斗,才能不辱使命,不负时代。

最后,传承光荣传统,淬炼过硬作风。节俭朴素,力戒奢靡,是党的传家宝。党的光荣传统和优良作风是中华民族的精神命脉和文化基因,具有强化青年人的战斗精神,领航定向,凝心聚气的作用,我们要做党的光荣传统和优良作风的忠实传人,切实增强学习和发扬党的光荣传统和优良作风的政治自觉、思想自觉和行动自觉,以坚强的意志、实干的本领、过硬的作风,为新时代消防事业的建设贡献自己的力量。

(三)养成奉献的行为规范

要养成奉献的行为规范,首先要讲奉献,讲奉献是党的性质和宗旨的必然要求,是共产党员应有的品格,也是共产党员先进性的重要体现。中国共产党由先进分子所组成,以人民利益为自己的最高利益,以全心全意为人民服务为根本宗旨。共产党员的价值,是在为人民谋利益的过程中体现出来的,树立为人民服务的价值观是做一个合格的共产党员的首要条件。"讲奉献、有作为"作为做合格党员的落脚点,使每一个党员就像一面旗帜高高飘扬,引领方向,激励上进。其次要落实实际行动。我们讲奉献、有作为不能停留在嘴上,必须落实到实际行动中,要从本职岗位上做出佳绩来,要立足岗位奉献,践行为民宗旨,勇于担当尽职,始终保持干事创业、开拓进取的精气神,要吃苦耐劳立足本职。工作中要立足岗位乐于奉献,始终保持爱岗敬业、求真务实、勇挑重担、勇于创新、自觉奉献,全身心投入到工作中。发扬奉献精神,就是要吃苦在前,享受在后,先公后私,始终把国家利益和人民利益放在首位。不斤斤计较个人得失,始终保持一颗平常心,把奉献精神融入到工作之中,成为自觉行动。

(四)融入新媒体,促进奉献精神的宣传

新媒体平台宣传具有覆盖面广、影响力大、互动性强、信息传播快等特点,消防队伍可以针对易发火灾特点,用内容新颖和大众喜闻乐见的方式制作成图文、视频特辑宣传给广大人民群众,利用微信公众号、抖音、微博等平台对消防先进事例和先进模范进行宣传,充分展示消防救援队伍改革建设发展的生动实践和丰硕成果,彰显新时代"火焰蓝"的良好形象,使人民群众深切感受到消防无私奉献的精神力量,激发群众对消防事业的支持和拥护,从而增强消防救援人员的职业荣誉感和无怨无悔的奉献精神。

奉献的人生最美丽,奉献的力量暖人心。怀揣感恩,眺望远方,有一分热,发一分光。只要真心奉献,就会在奋斗中体味快乐,在付出中收获甘甜。每个人都坚守奉献为美、服务人民、服务社会的大爱情怀,必将汇聚起实现民族复兴的磅礴力量。

消防职业胜任力

国家综合性消防救援队伍作为我国应急救援力量的主力军和国家队，承担着火灾扑救、应急救援及重大活动现场消防勤务等职责。作为一支纪律队伍，其灭火作战和抢险救援行动都是在统一指挥下进行的有组织、有目的的活动，其成败与消防指战员的素质与能力紧密相关。当前，随着灾害种类和数量的增多、情况复杂多变，灭火作战和抢险救援形势愈加严峻，对消防救援指战员的素质与能力提出了更高的要求。那么消防指战员到底应该具备哪些素质和能力呢？自从胜任力的概念被提出之后，胜任力的研究就成为一个热点。对消防职业胜任力的研究，能有效促进消防队伍的管理。本文从消防职业胜任力的体现、影响消防职业胜任力的因素以及新时代如何增强消防职业胜任力等方面对消防职业胜任力进行研究，以期为消防救援队伍人才的选拔、培养、管理提供有益建议。

一、消防职业胜任力的体现

（一）科学文化素养

这是指学习和掌握科学文化知识的深度和广度。消防指战员既有着不断充实提高自己的紧迫任务，又有着提高队伍科学文化水平的重要责任，只有勤于学习积累，具有较为丰富系统的知识储备，厚积薄发，才能在实际工作中掌握主动权。实际工作中，凡具有一定的科学文化素质的消防指战员，一般都具有较强的接受能力、分析能力。文化素质较高的指战员，综合归纳能力和口头表达能力也较突出，能够通过生动形象的语言，将上级的精神和要求传达给下属，并能较快地使之变为他们的自觉行动。

（二）专业能力素养

这是指掌握专门业务和技术知识的熟练程度。火场如战场，每场战斗的胜败，除客观因素外，主要取决于现场指挥员的组织指挥能力和消防员的灭火战斗能力。这就要求消防指战员必须具备相应的专业知识和业务素质，具体包括：过硬熟练的消防技能、先进的技术手段、系统的理论知识以及熟悉各种灾害事故的处置方法程序。一个真正懂行的指战员，往往能在工作中表现出三种较强的能力：一是业务指导和决策能力。能与中队骨干探讨业务训练中的难题，并能提出指导性意见，善于观察、分析问题，遇到复杂、矛盾的问题时能作出理性的判断和科学的决定。二是执勤作战的指挥能力。能结合具体实际，通过不同的灾情和险情采取不同的战术进行应急救援。三是全方位战略分析和判断能力。能在救援现场中，沉着冷静地对待现场情况，进行全方位、多方面的分析。

（三）身体心理素养

这里讲的身体心理素养，包括健康的身体和健康的心理两个方面。消防指战员所应具备的身体心理素养的具体要求包括：一是要有充沛的精力。即基层指挥员要年富力强，身强力壮，能够连续作战，随时准备接受火灾的挑战。灭火作战和抢险救援任务艰巨、危险，而健康强壮的身体是完成这些任务的前提。二是要有出色的适应能力。现代火灾和灾害性事故具有危害性大、情况复杂、处置难度大等特点,这决定了消防指战员必须要有出色的适应能力,要在纷繁复杂的情况面前保持沉着镇静,准确判断灾情的发展趋势,找出规律,科学决策。三是要有良好的抗压能力,能够正确对待所遭受的挫折。

(四)政治思想素养

这是消防队伍政治立场、政治观点、政治态度和思想素养、品德修养的集中体现。作为新时代消防指战员,要具有良好的政治思想素质就必须认真学习党的理论、路线、方针和政策,并用于指导工作。良好的政治思想素养体现在这几个方面:一是要树立忠诚可靠的意识和服务人民的思想。二是具备判断是非的能力,能够准确判断灭火救援中可能出现的情况,能够运用科学方法正确处理工作中遇到的各种问题。三是自我反省的能力,善于听取不同意见,严于律己,做好表率,勇于开展批评与自我批评。四是具有崇高的职业价值观,荣誉感强,时刻以维护人民生命财产安全、维护社会稳定为重,热爱消防事业。

(五)组织管理素养

组织管理素养是消防指战员运转工作、解决问题的技能和本领,是衡量一名指战员工作能力的重要指标。一名具有一定组织管理能力的指战员,一般可表现出以下三种能力:一是领导能力。能较好地领导下属,在集体中有较高的威信。二是有较强的感召能力。能通过人格的感召力,去吸引人、凝聚人,从而赢得消防战士的敬佩、爱戴和信赖。三是有较强的组织能力。能将队伍的各项工作管理得有条不紊,做到人人清楚任务,职责分明。

二、影响消防职业胜任力的因素分析

笔者通过《消防职业胜任力调查问卷》对消防救援人员的职业胜任力进行调查分析。调查对象为来自全国各地的消防救援职业人员,根据获取的信息结合消防职业胜任力模型编制消防职业胜任力培养情况调查表。本次调查主要采用便利抽样的方法,通过网络发放的形式收回问卷171份,有效率为100%。最后,对收回的数据进行处理和统计分析。

本问卷对消防职业胜任力的现状进行了调查,主要分为:基础技能、岗位适应能力、问题解决能力、个人特质、关系建立能力、持续进步能力六个维度,其中1—3题属于基础技能,4—8题属于岗位适应能力,9—13题属于问题解决能力,14—17题属于个人特质,18—20题属于关系建立能力,21—23题属于持续进步能力。

(一)基础技能

基础技能这一维度包括消防救援职业的专业知识与技能、计算机应用能力以及身体心理素质三个方面。调查结果表明,只有23.94%的人"具备消防救援职业的专业知识与技能",29.58%的人"具备较好的身体心理素质",而"具备一定的计算机操作技能"的人所占比例则更少,只占16.9%。相较于身体心理素质,计算机应用能力和专业知识与技能不太符合的人数比例分别高达14.08%和12.68%。另外,基础技能三方面所占比例最高的均是基本符合,分别是40.85%、43.66%、38.03%。在消防救援职业的专业知识与技能方面,共有53.53%的人处于比较符合这一要求以下。在计算机应用能力方面,这一数据为57.74%,身体心理素质为38.03%。由此表明,消防员的基础技能还有待进一步提高,特别是消防救援职业的专业知识与技能和计算机应用能力还需进一步提升。

(二)岗位适应能力

岗位适应能力这一维度包括机会能力、适应能力、自我调节能力、敬业奉献精神以及团队协作意识五个方面。数据表明,相较于敬业奉献精神以及团队协作意识,不太符合的比例前三者更高,分别是4.23%、2.82%、1.41%,机会能力不太符合的比例最高。另外,在非常符合方面,机会能力、适应能力、自我调节能力的比例分别为18.31%、22.54%、25.35%,低于敬业奉献精神的54.93%和团队协作意识的35.21%。因此,在岗位适应能力这一维度上,相比较而言,消防员的机会能力、适应能力以及自我调节能力比较欠缺。

(三)问题解决能力

问题解决能力这一维度包括逻辑思维能力、组织协调能力、分析判断能力、动手能力以及创新能力五个方面。在所有的调查对象中,选择非常符合选项的比例分别为25.35%、22.54%、26.76%、26.76%、26.76%,因此,调查中的绝大多数消防员仍缺乏这些方面的能力,尤为突出的是动手能力和创新能力。

(四)个人特质

个人特质这一维度包括自信、自律、独立、毅力四个方面。相较于自律和毅力,自信和独立在不太符合选项所占的比例相对较高,均为4.23%,而自信在非常符合选项所占的比例相较于其他三项却比较低,为26.76%。因此,消防员自信比较缺乏,其次为独立、自律,其中,情况较好的为毅力。这四个方面低于非常符合选项的比例分别为73.24%、69.01%、67.61%、63.38%。

(五)关系建立能力

关系建立能力包括语言表达能力、沟通交流能力、人际交往能力三个方面。调查发现,消防员的语言表达能力比较欠缺,处于不太符合及基本符合的人数比例为40.85%,而沟通交流能力和人际交往能力相对较好,非常符合的比例分别达到了32.39%和36.62%。

(六)持续进步能力

持续进步能力包括成就动机、总结能力以及学习能力三个方面。成就动机方面,不太符合的比例相对较高,为4.23%。三者非常符合的比例比较接近,分别为32.29%、28.17%、29.58%。处于不太符合和基本符合的人数比例三者分别为28.17%、23.94%、29.58%。因此,在持续进步能力这一维度,消防员的成就动机相对缺乏,其次是学习能力和总结能力。

通过这六个维度的调查,笔者发现了以下问题:

1.在基础技能这一维度中,消防员的计算机应用能力比较薄弱,不具备较好的计算机操作技能的人达到了14.08%。另外,专业知识和技能作为消防职业胜任力的基础,重要性不言而喻。数据显示,在专业知识和技能方面,仍有53.53%的人处于比较符合这一要求之下,因此,消防员整体的专业知识和技能仍有较大的提升空间。

2.在岗位适应能力这一维度上,消防员洞察机会、抓住机会的能力以及适应新环境、新变化的能力比较差。

3.在问题解决能力这一维度上,比较突出的是消防员的动手能力和创新能力缺乏,而这两方面能力的培养,主要与消防员的日常训练和救援实战有关。

4.在个人特质这一维度上,消防员的自信比较缺乏,非常符合的人只有26.76%,自信的缺乏,容易影响消防员的个人发展和自我表达能力。

5.关系建立能力这一维度上,相较于沟通交流能力、人际交往能力,消防员的语言表达能力比较欠缺。

6.在最后一个维度持续进步能力里面,消防员的成就动机相对缺乏,这就意味着消防员以高标准严格要求自己,力求取得职业成功的动机不强烈。

三、新时代如何增强消防职业胜任力

(一)立足职业认知与自我认知,注重职业生涯目标规划

我国是世界上自然灾害最为严重的国家之一,灾害种类多,分布地域广,发生频率高,造成损失重,这是一个基本国情。国家综合性消防救援队伍的组建,是党中央适应国家治理体系和治理能力现代化作出的战略决策,是立足我国国情和灾害事故特点、构建新时代国家应急救援体系的重要举措,对提高防灾减灾救灾能力、维护社会公共安全、保护人民生命财产安全具有重大意义。"主力军和国家队"就是消防救援队伍最明晰的职能定位,责任重大、使命光荣;"对党忠诚、纪律严明、赴汤蹈火、竭诚为民,在人民群众最需要的时候冲锋在前,救民于水火,助民于危难,给人民以力量,为维护人民群众生命财产安全而英勇奋斗"就是广大消防指战员最具体的职业定位,任务艰巨、职业神圣。在新的百年征程中,我们要主动适应全灾种、大应急的现实要求,总结历史经验,贴合发展实际,注重扬长避短,加快勾勒自身职业生涯目标规划,为消防职业胜任力的纵深发展描绘蓝图,为中华民族伟大复兴的中国梦保驾护航。

(二)完善消防职业技能培训机制,促进消防指战员全面发展

国家发展、社会进步,离不开每一位社会成员的职业能力,每个人的成长,都需要通过从事一定职业来实现。对于每一名消防指战员来说,通过职业技

能的培养和提升,不仅能实现个人发展,也彰显了一个人的社会价值。而消防职业技能培训在打造过硬队伍中扮演什么样的角色、承担什么样的任务,是摆在我们面前迫切需要解决的重大问题。

一是要着眼使命要求完善培训机制。坚持问题导向,是习近平总书记一直倡导的思维方式和领导方法。我们要深刻领会习近平总书记对组建国家综合性消防救援队伍的深远战略考量,始终胸怀"两个大局",准确把握主力军和国家队职能定位,积极适应全灾种、大应急的现实要求,全力构建与国家应急管理体系相配套、与消防救援队伍职责使命相适应的职业技能培训机制。要深化消防职业技能培训机制的改革创新,将机制建设与履行职能使命结合起来,补齐认知短板、制度短板、能力短板和革命精神上的不足,抢抓机遇、发扬优势。要注重学习借鉴国内外前沿的新思维、新技术,加快研究新模式、新理念,建立完善计划导向、协同创新、评估验证、成果转化应用、政策激励等新机制、新举措,确保消防职业技能培训机制建设聚焦中心、开拓创新、研以致用。

二是要着眼提质强能,提升工作成效。质量是职业技能培训的生命线,我们要牢固树立质量观念,把质量和效益的要求落实到职业技能培训的各个环节;要着力打造一支高水平的职业技能培训师资队伍,要集全系统之力选派优秀教员承担职业技能培训教学任务,将培训服务课时量和培训成效等纳入教员工作绩效考核;同时,聘请其他领域的劳动模范、能工巧匠、技术人才、高技能人才等担任兼职教员,承担职业技能培训任务;要着力打造高水平职业技能培训学校,依托消防救援队伍现有的各级培训基地,与四大消防研究所及各军地单位加强合作,把职业技能培训学校建设好、保障好;要着力开发一批高质量的职业技能培训资源,针对消防救援队伍发展规划、瓶颈,面向广大消防指战员开展走访调研、意见收集、数据分析等,研究制订更具有科学性、针对性的培训方案、培训标准、课程标准等,全面确保职业技能培训工作实效。

三是要着眼能力支撑,构建人才体系。改革创新关键在人,要构建"三位一体"人才培养体系,打造德才兼备的高素质、专业化新型人才方阵。为此,我们要立足本职岗位"育",突出专业人才"工匠精神",采取活动强化训、任务牵引训、平台竞争训等方式,全面培养消防救援领域的明白人、实干家;要紧贴职能任务"练",指挥员按照"懂指挥、会指挥、善指挥"要求,加大指挥理论、战例研究、战术作业等科目训练,不断提升分析判断、指挥决策、临机处置能力;要按照"人会我强、人强我精"标准,借助实战领悟、综合演练、专业技能比武等活动,不断培养和树立先进典型,做到训有目标、学有榜样;要建立好长效考评机制,完善好《指挥员等级评定标准》《消防员灭火专业职业技能鉴定标准》等标准规范,采取平战结合的方法,区分不同职级、不同岗位,建立能力评定电子档案,广泛开展"优秀指挥员"、"四会"教练员、训练标兵等评选活动,全面树立训练有为、训练有位的鲜明导向,加快构建人才体系,促进消防指战员全面发展。

(三)加强战训结合,提高消防指战员实战水平

习近平总书记强调,要加强应急救援队伍建设,建设一支专常兼备、反应灵敏、作风过硬、本领高强的应急救援队伍。消防救援队伍要进一步充分利用好国内外多种资源开展联合演练、综合培训和各类重难点课题集智攻关等活动,深入推进特种救援大队(救援站)等微型专业队伍建设;要采取"实战+演练"方法,构建聚焦精确指挥的机关训练、打造全面过硬的干部训练、加强行业权威的教员训练、突出训用一致的入职训练、创新特战特色的拳头训练、夯实专常兼备的岗位训练、深化基于任务的创新训练、打牢全域机动的增援训练、抓好提质增效的培训轮训、开展多位一体的联演联训等组训模式,全力打造"立足时代、辐射全国、面向世界"的特种救援尖刀和拳头力量。

四、结语

习近平总书记在十九届中央政治局第十九次集中学习时讲道:"要加强应急救援队伍建设,建设一支专常兼备、反应灵敏、作风过硬、本领高强的应急救援队伍。要采取多种措施加强国家综合性救援力量建设,采取与地方专业队伍、志愿者队伍相结合和建立共训共练、救援合作机制等方式,发挥好各方面力量作用。要强化应急救援队伍战斗力建设,抓紧补短板、强弱项,提高各类灾害事故救援能力。"国家消防救援队伍的职业胜任力,早在"职业胜任力"这一概念提出之前,就在国家以及人民群众的高度重视行列之中了。随着职业胜任力与组织认同理论越来越受到专家们的关注,我们更需要针对实时的研究情况与实际需求,结合不足之处进一步优化与改进,将消防职业胜任力的研究成果真正落实到国家综合性消防救援队伍的建设之中。

消防职业理想

　　消防员的职业理想代表整个消防救援队伍的共同理想,是所有消防救援人员对职业理想的共同价值认同。转制以后,国家综合性消防救援队伍职能发生了变化,原来是单一灾种的应对,现在承担防范化解重大安全风险、应对处置各类灾害事故的综合救援职责。在这种现实情况下,消防员的职业理想也变得更加复杂和多元起来。而如何实现消防员的职业理想,与这支队伍的未来建设息息相关。

一、职业理想的概念

(一)何为职业理想

所谓职业理想是个人对未来职业的向往和追求,既包括对将来所从事的职业种类和职业方向的追求,也包括对事业成就的追求。作为理想的重要组成部分的职业理想,体现了人们的职业价值观,直接指导着人们的择业行为。

(二)职业理想的影响因素

一个人的职业理想会因时因地因事而发生变化。随着年龄的增长、社会阅历的增强、知识水平的提高,职业理想会由朦胧变得清晰,由梦幻变得理智,由波动变得稳定。社会的分工、职业的变化,是影响一个人职业理想的决定因素。生产力发展的水平不同、社会实践的深度和广度不同,人们的职业追求目标也会不同。职业理想的形成,是一定的生产方式及其所形成的职业地位、职业声望在其头脑中的反映。譬如计算机的诞生演绎出了与计算机相关的职业,如计算机工程师、软件工程师、计算机打字员等职业。我们要站在合适的起点上,制定自己的职业理想。

制定职业理想,首先,要了解自己——你能做什么样的人。只有从自身出发,从自身所受的教育、自身能力倾向、个性特征、身体健康状况出发,才能够准确定位,瞄准适合自己的岗位去不懈努力。

其次,要了解某个具体的职业,明白职业岗位的职责,即工作性质、内容,和职业所需的能力要求,如具备观察、思维、表达、操作、公关等能力。一些特殊行业还有特殊的能力要求,例如我们消防救援队伍的专业能力要求。

最后,要了解职业的社会需求。了解社会的需求是成功择业并就业的关键。具体来说就是要了解社会需求量和职业发展趋势。例如,消防救援队伍的社会需求,就可以概括为:24小时驻勤备战、"全灾种、大应急"的新挑战,承担防范化解重大安全风险、应对处置各类灾害事故的综合救援。

二、消防员职业理想的具体内涵

每一个消防员,有各自具体的职业理想。消防救援队伍有共同的职业理想,是集体的价值认同。消防员作为其中的个体,其职业理想也有着特殊性。要进一步了解消防员的职业理想就要了解当今消防员面临的社会环境和职业特点。

总的来说,目前我国的消防员队伍以国家综合性消防救援队伍为主体,以政府专职消防员与企业消防员为补充。我国的消防救援队伍继承了部队的优良作风和传统,按照"准现役、准军事化"的要求建设。我国是世界上自然灾害最为严重的国家之一,灾害种类多,分布地域广,发生频率高,造成损失大,这是一个基本国情。同时,我国各类事故隐患和安全风险交织叠加、易发多发,影响公共安全的因素日益增多。加强应急管理体系和能力建设,既是一项紧迫任务,又是一项长期任务。消防员作为同老百姓贴得最近、联系最紧的人,全年365天、每天24小时都应急值守,随时可能面对极端情况和生死考验。在新的时代背景下,消防员的职业理想理应与当今"全灾种、大应急"的新形势相结合。

(一)人民至上、生命至上

"人民至上、生命至上"是对消防救援队伍的要求。消防救援队伍要坚持把"人民至上、生命至上"的外部要求和期待,变成队伍的高度认同、坚定追求,始终把人民群众放在心中最高位置,随时准备为人民奉献一切。这样的职业理想,是其政治性内涵。

消防救援队伍要把这一职业理想,融入职业生涯的方方面面。究其本质,这个职业理想与党的宗旨"全心全意为人民服务"是完全一致的。新中国成立七十多年来,消防救援队为了保护人民群众的生命和财产安全,付出了巨大代价,很多人献出了宝贵生命。感人的故事数不胜数,催人泪下。我们的队伍,用热血生命和实际行动诠释和证明了,消防救援队伍过去是、现在是、未来也一定会是党和人民高度信赖的队伍,是人民群众永远的"守夜人"。

(二)除险救难、保平安、促和谐

消防救援队伍的职责是防范化解重大安全风险、应对处置各类灾害事故。职业理想一定离不开职业的本职要求、本职工作。职业理想就是在把职责落实到位的基础上,对职业能力、行为效果提出更高期待。因此,消防救援队伍的职业理想就可以概括为：除险救难、保平安、促和谐。这样的职业理想，是其社会性的内涵。

消防员"有警必出、闻警必动"，一直保持着与人民群众心连心、共命运。小到摘马蜂窝、开门锁，大到应对火灾、地震、泥石流，消防员总能在人民群众需要的时候顶上去。哪怕战斗三天三夜，也要救下最后一个群众。为民出警，排忧解难，保护平安，促进和谐，是职责所在，是信念所系。

消防员作为社会的一分子，每出好一次警，解决好一件事，就是在保护人身和财产的安全，通过排忧解难、除险救难，传递正能量，促进社会和谐，把消防员的职业价值和理想融入社会的共同价值追求。

（三）实现个人和队伍的融合发展

消防员与消防救援队伍，是个体与整体的关系。个人与队伍的融合发展，是使命、职责和利益的必然要求，是必须要融合的、协调的、周全的、发展的。这样的职业理想，是其集体性内涵。

个体组成整体，整体包含每一个个体。就像消防员个体有个体的利益，消防救援队伍整体有整体的利益一样，消防员个体有个体的职业理想，消防救援队伍整体有整体的职业理想。这支队伍的特点就是消防员个体的利益要服从消防救援队伍整体的利益，消防员个体的职业理想要服从消防救援队伍整体的职业理想。这是这支队伍的性质、使命和职责决定的，不容商量，也不能打折扣，必须无条件服从。

同时，要清醒地看到，任何要求、任何困难、任何险情，都需要一个个具体的、鲜活的、有血有肉、有情有感的消防员去落实、去解决、去排除。要使消防员在思想上、心理上、体力上、技能上跟得上形势的要求、救援的要求，就必须保证消防员在平日里能够享受到好的待遇、好的条件，必须要有好的训练、好的技能、好的协作，必须要有高度的责任感、使命感。消防员个人的思想觉悟、技能战术、身心素质等决定了消防救援队伍整体的思想境界、专业能力、抗压能力。如同水桶效应，短板决定了水量。因此，消防救援队伍一定要自知短板、弥补短板、消除短板。只有消防员的政治觉悟高、集体观念强、责任心强、救灾除险本领高、应对处置执行力强，我们的队伍建设才能方向对、走得稳、行得远。

一个青年加入消防救援队伍，必须要有职业认同感。作为一个高危职业，消防员时刻都面临着生与死的考验。正是消防员的使命感和责任感驱使着他们完成了一次又一次急难险重的任务，给党和人民交出了一份满意的答卷。

在2021年秋季学期中央党校（国家行政学院）中青年干部培训班开班式上，习近平总书记对年轻干部提出"信念坚定、对党忠诚，注重实际、实事求是，勇于担当、善于作为，坚持原则、敢于斗争，严守规矩、不逾底线，勤学苦练、增强本领"的明确要求，勉励年轻干部努力成为可堪大用、能担重任的栋梁之材，不辜负党和人民的期望和重托。我们消防救援队伍只有牢记习近平总书记对国家综合性消防救援队伍的嘱托，做到对党忠诚、纪律严明、赴汤蹈火、竭诚为民，才能不负时代，不负韶华。

三、消防员实现职业理想的自我心理准备

职业理想是消防员的个人理想的组成部分。消防员实现了职业理想也就部分地实现了个人理想。这都是消防员人生价值、社会价值一部分。那么在现实情况下，消防员自身应该做什么样的心理准备，才能够去实现自己的职业理想呢？

第一，要培养自己的主人翁意识。牢固树立"以队为家，队荣我荣"的主人翁意识。消防员，只有从内心真正热爱自己的事业，才能以主人翁意识，忠于职守，甘于奉献，关心行业的发展，提高思想觉悟，增强干事的主动性和积极性。

第二，要培养责任意识。消防员的责任意识必须是第一位的。消防员肩负责任，使命特殊。因为消防员的责任直接与人民群众的生命和财产安全息息相关。不负责任，就意味着要损失更多的人、财、物。负责任，就意味着挽回或减少人、财、物的损失。基层队伍要狠抓消防员责任意识的培养，通过加强岗位教育、落实责任制度等方式，循序渐进地学习知识技能，情理并重地实施教育管理和人文关怀。

第三，要培养表率意识。消防员表率作用强不强直接影响着基层队伍的风气。基层队伍可以通过开展各类学习、参观、交流、体验、表演等活动，在消防员队伍中树立先进典型等方式方法，让优秀的消防员发挥好表率作用。关键在于以点带面，激发广大消防员的斗志，形成崇尚表率、争做表率的风气，切

实促进和提升全体消防员的专业能力。

第四，要有全面、细致、正确的自我评估。消防员要全面、细致、正确地进行自我评估，也就是要深刻地认识和理解自己，要弄清楚：我是谁？我想要什么？我能做什么？

自我评估的主要内容是与个人相关的所有因素，包括兴趣、气质、性格、能力、特长、学识水平、思维方式、价值观、情商以及潜能等。

综上，职业理想是人在职业领域理想的具体化。它既代表着个体的理想追求，也指引着个体的行动方向。而如何立足自身情况，客观地分析自己职业理想的缺失或存在的问题，便是我们需要深入思考的问题。消防员的职业理想就是要努力成为一名能够担起党和人民重托的优秀消防员、指挥员。

消防员职业理想的实现必然要经过一番坎坷，而想成为一名优秀且出色的消防员，实现作为一名消防员的职业理想，不可能是一帆风顺的。消防员实现职业理想，一定是要在实践中、实战中付出自己的智慧和能力的。当洪水泛滥、火灾肆虐、人员被困等危急情况出现时，消防指战员必须第一时间赶到现场，扛沙包、防堤岸、扛水枪、冲猛火、救人员，为维护人民群众生命财产安全而英勇奋斗。这样的工作是具体而艰辛的，来不得半点偷懒。

在新的时代背景下，要成为一名称职的消防员，唯有不忘初心，不畏艰险，努力学习知识，不断提高个人素质技能，以党和人民群众的重托为鞭策，以崇高的信仰为动力。这样，我们相信，个人和队伍的职业理想，乃至新时代"全灾种、大应急"要求下的高效能的应急管理体系终将建成。

消防职业之我见

全国应急管理系统先进模范和消防忠诚卫士代表陈辉华，在面对记者时曾说道："作为一名基层消防救援人员，最大的感悟是与人民群众贴得更紧了。三坊七巷消防救援站每天既要执行升降国旗的任务，也要挨家挨户开展防火巡查。在每天与人民群众的交流沟通中，我们之间结下了深厚的感情。他们遇到困难，会第一时间给我们打电话。站里还经常收到群众送来的爱心外卖。大家都亲切地称我们为最帅'蓝朋友'、最美'逆行者'。这也更加坚定了我们献身消防事业的信心与决心。"这些朴实的话语是他对消防职业发自内心的最深刻的认同。

一、消防员的职业认知

从大多数民众的角度讲,消防员职业是特殊而危险的。因为消防员总是出现在火灾、水灾、事故等危险地方。人民群众亲切、感激地称他们是最美"逆行者"。他们可靠,他们可爱,他们不惧死亡,他们慷慨赴难。每一次艰难营救,民众震撼而鼓舞;每一次勇赴火场,民众称赞而敬佩;每一次抗洪救灾,民众信赖而感动。

长期以来,消防救援队伍始终坚持纪律部队建设标准,弘扬光荣传统和优良作风,始终救民于水火、助民于危难、给人民以力量。消防救援队伍全年365天、每天24小时驻勤备战和出警作战,随时面对极端情况和生死考验。他们甚至为保护人民生命财产安全付出宝贵的生命,作出了彪炳史册的卓越贡献。他们不愧为党和人民的忠诚卫士!

从消防员的职业身份上看,改制前,消防队伍是中国人民武装警察部队三大类(列入武警序列,由公安部门管理的部队,即边防、消防、警卫部队)中的消防部队。简单地说,改制前,消防员是军人;而改制后,消防员就不再是军人了。2018年3月,第十三届全国人民代表大会第一次会议批准国务院机构改革方案,设立中华人民共和国应急管理部。消防救援队伍也随之改隶应急管理部领导和管理。这种变化,形象化的表述就是"脱下橄榄绿,穿上了火焰蓝"。

以上的认识还比较粗浅,并不能揭示消防队伍的真正的职业本质。我们需要从《中华人民共和国消防法》(以下简称《消防法》)中的内容来审视消防员的职业本质。

第一,《消防法》第一条规定了消防救援队伍的职责就是"为了预防火灾和减少火灾危害,加强应急救援工作,保护人身、财产安全,维护公共安全"。这是总目标、总要求。消防救援队伍,代表着在消防工作上的国家意志、国家力量、国家形象,是落实这个总目标、总要求的最主要、最核心的力量,不可替代,也责无旁贷。

第二,《消防法》第四条明确了全国消防工作的监督管理部门是国务院应急管理部。从新中国成立到2018年,都是由国务院公安部对全国的消防工作实施监督管理。2018年3月,第十三届全国人民代表大会第一次会议批准国务院机构改革方案,成立国务院应急管理部,对全国的消防工作实施监督管理。2018年11月9日,中华人民共和国综合性消防救援队伍授旗仪式在人民大会堂举行。习近平总书记为消防救援队伍授旗。

第三,《消防法》第六条规定"应急管理部门及消防救援机构应当加强消防法律、法规的宣传,并督促、指导、协助有关单位做好消防宣传教育工作"。宣传消防法律法规和对各行各业人员和民众进行消防教育,其目的就是提高民众的消防意识,预防火灾发生。

第四,《消防法》第三十七条规定"国家综合性消防救援队、专职消防队按照国家规定承担重大灾害事故和其他以抢救人员生命为主的应急救援工作"。由此可知,这支队伍的两个主要职责:一是承担重大灾害事故的应急救援;二是承担以抢救人员生命为主的应急救援。这两项职责,目的就是减少各种灾害,保护人身安全。

第五,《消防法》第三十八条规定"国家综合性消防救援队、专职消防队应当充分发挥火灾扑救和应急救援专业力量的骨干作用;按照国家规定,组织实施专业技能训练,配备并维护保养装备器材,提高火灾扑救和应急救援的能力"。这指明了这支队伍的两项专业能力,一是火灾扑救专业能力,二是应急救援专业能力。"骨干作用"说明了这两项专业能力必须是过硬的、可靠的、模范的、最高水平的。为了达到专业能力的水平要求,就要"组织实施专业能力训练"。同时要求装备器材可靠、到位、先进。

第六,《消防法》第四十二条规定"消防救援机构应当对专职消防队、志愿消防队等消防组织进行业务指导;根据扑救火灾的需要,可以调动指挥专职消防队参加火灾扑救工作"。因为消防救援机构业务能力是行业的翘楚,可谓"见多识广、经验丰富、装备精良、能力突出",所以要承担对其他消防组织的业务指导和培训。《消防法》赋予消防救援机构"根据扑救火灾的需要,可以调动指挥专职消防队参加火灾扑救工作"的权力。这是增强消防救援力量必须要赋予的权力。

第七,《消防法》第四十五条规定"消防救援机构统一组织和指挥火灾现场扑救,应当优先保障遇险人员的生命安全"。这一条赋予了消防救援机构在火灾现场组织和指挥火灾救援的权力。其他机构或部门,应在消防救援机构的统一指挥、统一调度下开展救援工作,并且还应以"优先保障遇险人员的生命安全"为主要任务,而不是抢救物品等。具体的权力有"使用各种水源;截断电力、可燃气体和可燃液体的输送,限制用火用电;划定警戒区,实行局部交通管制;利用临近建筑物和有关设施;为了抢救人员和重要物资,防止火势蔓延,拆除或者破损毗邻火灾现场的建筑物、构筑物或者设施等;调动供水、供电、供气、通信、医疗救护、交通运输、环境保护等有关单位协助灭火救援"。

第八,《消防法》第四十六条规定"国家综合性消防救援队、专职消防队参加火灾以外的其他重大灾害事故的应急救援工作,由县级以上人民政府统一领导"。也就是说在除了火灾救援之外的其他应急救援工作中,消防救援队应接受政府统一领导。

第九,《消防法》第四十七条规定"消防车、消防艇前往执行火灾扑救或者应急救援任务,在确保安全的前提下,不受行驶速度、行驶路线、行驶方向和指挥信号的限制,其他车辆、船舶以及行人应当让行,不得穿插超越;收费公路、桥梁免收车辆通行费。交通管理指挥人员应当保证消防车、消防艇迅速通行。赶赴火灾现场或者应急救援现场的消防人员和调集的消防装备、物资,需要铁路、水路或者航空运输的,有关单位应当优先运输"。这一条详细规定了消防车(艇)在执行应急救援任务中的道路优先权、规则特许权、免费通行权、优先使用权。

第十,《消防法》第四十九条规定"国家综合性消防救援队、专职消防队扑救火灾、应急救援,不得收取任何费用。单位专职消防队、志愿消防队参加扑救外单位火灾所损耗的燃料、灭火剂和器材、装备等,由火灾发生地的人民政府给予补偿"。这一条规定了国家综合性消防救援队、专职消防队工作的无偿性、公共性、公益性。同时,规定了单位专职消防队、志愿消防队在参加扑救外单位火灾中的损耗等,政府要给予补偿。

第十一,《消防法》第五十条规定"对因参加扑救火灾或者应急救援受伤、致残或者死亡的人员,按照国家有关规定给予医疗、抚恤"。火灾扑救以及其他应急救援工作,是十分危险的工作。常常会有消防员受伤、致残或死亡的情况发生。给予消防员最好的医疗保障和尽可能高的抚恤等待遇,是正义的、公平的、正当的、必须的。

第十二,《消防法》第五十一条规定"消防救援机构有权根据需要封闭火灾现场,负责调查火灾原因,统计火灾损失。火灾扑灭后,发生火灾的单位和相关人员应当按照消防救援机构的要求保护现场,接受事故调查,如实提供与火灾有关的情况。消防救援机构根据火灾现场勘验、调查情况和有关的检验、鉴定意见,及时制作火灾事故认定书,作为处理火灾事故的证据"。这一条赋予了消防救援机构行使管理职责的权力,如进行火灾调查、检验、鉴定、认定等。

第十三,《消防法》第五十三条规定"消防救援机构应当对机关、团体、企业、事业等单位遵守消防法律、法规的情况依法进行监督检查"。这一条进一步明确了消防救援机构实施监督检查的工作对象是机关、团体、企业、事业等单位。这些单位负有消防安全主体责任,应具体组织和实施本单位的消防安全教育、管理和落实等工作。

第十四,《消防法》第五十四条规定"消防救援机构在消防监督检查中发现火灾隐患的,应当通知有关单位或者个人立即采取措施消除隐患;不及时消除隐患可能严重威胁公共安全的,消防救援机构应当依照规定对危险部位或者场所采取临时查封措施"。这一条赋予了消防救援机构监督检查、责令整改、临时查封的权力。

第十五,《消防法》第五十五条规定"消防救援机构在消防监督检查中发现城乡消防安全布局、公共消防设施不符合消防安全要求,或者发现本地区存在影响公共安全的重大火灾隐患的,应当由应急管理部门书面报告本级人民政府。接到报告的人民政府应当及时核实情况,组织或者责成有关部门、单位采取措施,予以整改"。这一条赋予了消防救援机构对本地区政府消防工作的监督与管理的权力和职责,如对本地区的消防安全布局、公共消防设施和重大安全隐患等的监督和管理。

第十六,《消防法》第六章中的多数条款规定了消防救援机构可以对违反《消防法》的组织、单位和个人,按照职权和不同情形给予行政处罚,如:责令停止施工、停止使用、停产停业、限期整改、情况通报、处分、警告、停止执业、吊销相应资格等,并可以处以一定额度的罚金。

以上十六点是对《消防法》中有关消防救援机构的使命、职责、权力、监督和管理等多个方面内容的认识和解读。《消防法》是消防救援机构实施扑救火灾和其他应急救援任务的根本遵循和行为规范。《消防法》给消防救援机构在法律框架下,提供了国家意志、国家力量的强力支撑。

除了从《消防法》去认识消防员的职业特征之外,还有一部2018年10月份施行的《中华人民共和国消防救援衔条例》(以下简称《消防救援衔条例》),规定了消防救援队伍中各类人员的身份、等级、荣誉以及消防救援衔的授予、晋升等具体内容。

第一,《消防救援衔条例》第一章的第一条规定"为了加强国家综合性消防救援队伍正规化、专业化、职业化建设,增强消防救援人员的责任感、荣誉感和组织纪律性,有利于国家综合性消防救援队伍的指挥、管理和依法履行职责,根据宪法,制定本条例"。这指出《消防救援衔条例》设立的三个方面的目的,一是重在队伍的能力建设,二是重在人员的素质提高,三是重在队伍能够履职尽责到位。

第二,《消防救援衔条例》第一章的第三条规定"消防救援衔是表明消防救援人员身份、区分消防救援人员等级的称号和标志,是国家给予消防救援人员的荣誉和相应待遇的依据"。这一条十分明确地定义了消防救援衔是表明身份、区分等级的称号和标志,也是荣誉和待遇的依据。

第三,《消防救援衔条例》第二章详细规定了管理指挥人员、专业技术人员和消防员的消防救援衔的设置。其中,管理指挥人员消防救援衔设三等十一级,专业技术人员消防救援衔设二等八级,消防员消防救援衔设三等八级。

第四,《消防救援衔条例》第三章详细规定了管理指挥人员、专业技术人员和消防员的消防救援衔的编制,即职务和衔级的对应关系。

第五,《消防救援衔条例》第四章、第五章和第六章详细规定了管理指挥人员、专业技术人员和消防员的消防救援衔的首次授予、晋升、保留、降级和取消等。

二、消防员的职业情感

职业情感是从业者在从业过程中形成的感受和体验,反映其对职业的热爱程度、责任意识以及维持职业的积极态度。消防救援队伍有着一般职业所共有的职业情感,如职业认同感、责任感。同时,因其职业的特殊性、危险性,就更具有了其他职业所不具备的特殊的荣誉感、获得感和幸福感。消防救援人员往往怀揣着真挚、热烈、纯粹的情感投身于消防工作之中,每每在危急时刻以"最美逆行者"形象展示在人民群众面前,将保护人民群众的生命财产视为最重要的事。

(一)工作价值

消防这个行业是安全生产工作的一个重要组成部分,是关乎国计民生的重要工作。消防工作的价值和意义在于:为了预防火灾和减少火灾危害,保护人身、财产安全,维护公共安全。火灾的危害性无须多言,因此预防火灾和减少火灾危害十分重要。同时,保护人民群众的生命、财产安全也非常重要。这都是消防工作的价值,也是消防员的职业价值。消防员理应认同其职业价值,承担其职业责任。

(二)《消防法》赋予的权力和职责

在前文中,我们从十六个方面解析了《消防法》中消防救援机构及其队伍的职责、权力、监督和管理。这些条款是消防救援机构及其队伍行使权力、履职尽责的法律性、制度性保证,代表国家意志,体现国家力量。因此,这支队伍就具备了强的意志力、强的执行力、强的业务力。消防员理应认同其职业的正义性(道德崇高)、正当性(法律要求)、公益性(公共服务)。这都会增强消防员的职业认同感、责任感和荣誉感。

(三)《消防救援衔条例》赋予的身份、等级、荣誉和待遇

《消防救援衔条例》对各类管理指挥人员、专业技术人员和消防员的消防救援衔的设置、编制、首次授予、晋升等情形所应具备的学历条件、工作经历、批准程序和处理措施等进行了具体规定。《消防救援衔条例》的目的,就是"为了加强国家综合性消防救援队伍正规化、专业化、职业化建设,增强消防救援人员的责任感、荣誉感和组织纪律性,有利于国家综合性消防救援队伍的指挥、管理和依法履行职责"。消防员理应认同《消防救援衔条例》的条款。《消防救援衔条例》是消防员职业化发展和衔级晋升的依据,涉及消防员的荣誉和相关待遇等核心利益,对提升消防员的职业认同感、责任感和荣誉感至关重要。

(四)对党和人民的绝对忠诚

同舟共济扬帆起,乘风破浪万里航。消防救援队伍作为党和人民的"守夜人"充分发挥新部门新体制新队伍的优势,推动统分结合更加科学,一次次应对变局、开拓新局,一次次危中寻机、转危为机,向党和人民群众交出了一份满意答卷,生动诠释了对党和人民的无限忠诚。正如郑州"7·20"暴雨时,汛情牵动着全国人民的心,面对连降暴雨引发险情的严峻形势,应急管理部第一时间

启动消防救援队伍跨区域增援预案,连夜调派河北、山西、江苏、安徽、江西、山东、湖北7省消防救援水上救援专业队伍1800名指战员紧急驰援。消防救援人员快速响应跨区域紧急救援,与时间赛跑紧急转移安置群众,以行动书写了对维护人民群众生命财产安全这一神圣使命的绝对忠诚。

(五)国家相关优待政策的实施

《组建国家综合性消防救援队伍框架方案》明确提出,消防救援人员实行与其职务职级序列相衔接、符合职业特点的工资待遇,享受国家和社会给予的各项优待。

在机场、火车站、医院、博物馆等公共场所,逐渐敞开对消防救援人员优先的"绿色通道"。目前消防救援人员凭有效证件可在机场享受"四优先",即优先购票、优先值机、优先安检和优先登机,2名家属可与消防救援人员本人随行享受。这些优待政策,会增强消防员的职业认同感、责任感和荣誉感,会促进情感联结,温暖人心,增强队伍稳定和战斗力。

三、影响消防员职业情感的因素

(一)"全灾种、大应急"的职责要求,与消防救援队伍现实能力之间的矛盾

改革转制后,消防救援队伍的职责拓展为"全灾种、大应急",广泛承担各类灾害事故的救援任务。但是,消防救援队伍的数量没有明显增加,一线指战员参加灭火救援任务频率同比增加近30%。较高的任务频率和救援难度给消防救援队伍提出了更高的要求,也带来了更高的负荷和更大的压力。

改革转制后,消防救援队伍职能任务大幅拓展,在原有防火、灭火和以抢救生命为主的应急救援任务基础上,承担起包括水灾、旱灾、台风、地震、泥石流等自然灾害和交通、危化品等事故的应对处置任务。百姓消防意识越来越强,出现解决不了或不想解决的问题都会拨打"119"报警电话求助,救援救助范围的扩大让应急救援任务愈发繁重。加之重大安保任务的叠加,消防救援人员时常处于连续运转状态。救援任务加上事务工作,队伍管理往往顾此失彼。

（二）消防员职业的危险性、艰巨性、致命性

据应急管理部消防救援局官方微博2022年4月2日发布了一条微博："应急管理部门组建四年来，全国应急管理系统共有177人因公牺牲，其中，2021年有48人因公牺牲。应急管理系统因公牺牲人员主要集中在基层一线应急管理部门干部和消防救援人员，占比97%。消防救援作为和平年代最危险的职业之一，四年来共有111人因公牺牲，平均年龄仅为28岁。"也就是说每年全国应急管理系统有44人因公牺牲要，平均每个月3~4人。这些数字的背后是活生生的青年和他们的家庭所承受的难以估量的痛苦。

（三）消防员的职业倦怠

职业倦怠是个体由于长期处于工作重压之下而导致的一种身心俱疲的状态，其表现是身心的极度疲倦以及对工作的厌倦。它不仅严重危害个体本身的生理及心理健康，也会对其工作氛围以及外界环境形成不良影响。

消防救援人员日常生活相对封闭、训练强度大、上下级关系分明、技能考核严格、救灾现场惨烈和复杂多变等现实情况，易使消防救援人员产生麻木、倦怠等消极情绪，甚至诱发心理问题，危害身心健康。如果不能通过各种激励、保障、休养、心理疏导、压力减排等措施及时有效排解，就会影响消防员的职业情感，也将会影响消防救援队伍的意志力、执行力、业务力。

（四）消防员在生活中遇到的各种困难

消防救援人员在恋爱、婚姻、父母赡养、子女教育、住房、就医等现实问题上困扰较多，承载压力日益增大，这在一定程度上影响了职业情感。尤其是当这些困难不能有效解决时，消防员的无力感、无能感、缺失感、遗憾感、自责感等负面情绪就会逐渐显现，甚至会影响到消防员的战斗力。一些实证研究也表明，消防救援人员往往承受高于普通人群的压力，在他们身上也更容易流失职业幸福感和获得感。

四、实现消防职业良性发展的策略思考

(一)深化消防职业认知,深入学习法律法规

2018年11月,组建国家综合性消防救援队伍,是以习近平同志为核心的党中央坚持以人民为中心的发展思想,着眼我国灾害事故多发频发的基本国情作出的重大决策,对于推进国家治理体系和治理能力现代化,提高国家应急管理水平和防灾减灾救灾能力,保障人民幸福安康,实现国家长治久安,具有重要意义。这一举措是党中央立足国情且为适应国家现代化的治理体系和治理能力及构建国家应急救援体系而作出的重要决策,对保护人民生命安全、减少人民财产损失、提高消防救援能力具有历史性意义。简言之,综合性消防救援队伍是国家队,是国家现代化治理能力中的重要力量,肩负着保护人民生命和财产安全的神圣使命。改制改的是隶属关系、队伍外貌,但并不改变其使命和职责,也不改变党的领导和人民的支持,即"形变而魂不变"。

要深入学习《组建国家综合性消防救援队伍框架方案》。2018年10月,中共中央办公厅、国务院办公厅印发《组建国家综合性消防救援队伍框架方案》,就推进公安消防部队和武警森林部队转制,组建国家综合性消防救援队伍,建设中国特色应急救援主力军和国家队作出部署。框架方案包括一个总体方案和职务职级序列设置、人员招录使用和退出管理、职业保障3个子方案。

要深入学习《消防救援衔条例》。2018年10月,国务院颁布了《消防救援衔条例》。该条例分为七章,包含总则,消防救援衔等级的设置、编制,消防救援衔的首次授予、晋级、保留、降级和取消。有关内容,已在前文中进行解析。

要深入学习《消防法》。2021年4月,第十三届全国人民代表大会常务委员会第二十八次会议通过《消防法》第二次修正。其中重要的变化就是,全国的消防工作从由公安部实施监督管理改为由应急管理部负责。《消防法》分为七章,包含总则、火灾预防、消防组织、灭火救援、监督检查、法律责任、附则。有关内容,已在前文中有所解析,但我们仍需要认真系统学习领悟。

要深入学习《国家综合性消防救援队伍消防员招录办法》。2021年7月,人力资源社会保障部、应急管理部联合下发《国家综合性消防救援队伍消防员招录办法》。该办法分为五章,包含总则、招录条件与范围、招录程序、纪律与监督、附则。这是对消防员队伍建设和人员补充的制度性保障,保证了这支队伍具备对党忠诚、年富力强、心理健康等基本素质。

(二)培养消防职业情感,尽力解除队伍顾忧

消防救援队伍因其工作性质的特殊性、危险性,是不能或者很难像其他行业的从业者那样兼顾工作与家庭的。

消防员在生活中会遇到各种各样现实的问题,如恋爱、婚姻、父母赡养、子女教育、住房、就医等,承受压力日益增大,在一定程度上影响了职业情感。解除消防员的后顾之忧是一个国家和社会的系统工程,需要国家各部门、社会各单位之间协作发力,以相关法律、法规、条例、办法等向消防人员及家属倾斜,或优待、或优先、或统筹、或减免、或奖励、或补偿。总之,就是在国家法律和政策允许的状况下,尽可能地为消防救援队伍争取更多的支持、更多的资源、更好的待遇。

(三)弘扬光荣传统,践行优良作风,营造融洽氛围

习近平总书记在给国家综合性消防救援队伍的训词中,有四点要求:始终对党忠诚、做到纪律严明、敢于赴汤蹈火、永远竭诚为民。这四点要求,是党和人民对这支队伍寄予的厚望。同时,也是对改革转制前的消防救援队伍的高度赞扬和褒奖。这四点高度概括了消防救援队伍的光荣传统和优良作风。因此,必须认真学习,认真领会。

传统,即世代相传,从历史沿传下来的思想、文化、道德、风俗、艺术、制度以及行为方式等,对人们的社会行为有无形的影响和控制作用。传统的概念,较为宽泛,可以涵盖一组织、一系统、一族群、一地区、一国家、一区域的思想、文化和行为方式,具有历史感。作风,是指在思想、工作和生活等方面表现出来的比较稳定的态度或行为风格。作风的概念,类似于心理学中关于性格的定义。对于一个社会中的个人而言,说其性格;对于一个社会组织来说,说其作风。

好传统,是对当下和未来会产生积极促进作用的传统。而光荣传统,就是稳固的、不可改变的、必须长期坚持的好传统。消防队伍的光荣传统,是在发展和实战中积累的好的经验总结,是宝贵的精神财富和优良的行为范式。不继承光荣传统,意味着忘记队伍的历史,丢弃队伍的好经验。而弘扬光荣传统,就是在当下及未来一定要学习好、继承好、发扬好光荣传统。

好作风,一方面是继承了好传统,在当下的思想、生活和行为上继续发挥

作用,另一方面则需要根据时代要求和环境变化而自行孕育发展出新的区别于传统的认知和行为。这后一点是队伍自我革新的关键,是队伍成长、成才、成功的必由之路。

弘扬光荣传统,践行优良作风,也就必定能够营造出积极、融洽、友爱、互助的氛围,这使得消防救援队伍中的每个人都能有温暖感、价值感、归属感、幸福感、获得感。诚如此,必能使得消防救援队伍上下一致、团结一心、力量合一、所向披靡。队伍领导者、指挥员不能小瞧,更不能忽视在日常的生活中、训练中、交往中传递精神信念,交流心理情感,组织业余生活。所有这些工作,貌似微波,一旦需要则发作如怒涛翻滚、雷霆万钧。集聚平日之温暖,化作急时之长虹。因此,这些工作对于提升消防救援队伍的战斗力大有裨益。

(四)完善晋升激励机制,有序招录退出,稳定队伍结构

消防救援机构及其队伍庞大,转制、转隶复杂程度较高,很难在短时间内快速建立起相应的配套政策措施。目前,消防救援队伍平移了原有的部队政策,具有消防救援队伍特点的保障机制仍在逐步完善。目前消防救援人员目标群体较为广泛,来源较为复杂,学历学识普遍上升,入职前经历更为丰富,他们对职业追求和职业目标往往都有更为清晰的认知。

2018年10月,国务院颁布了《消防救援衔条例》。这是消防救援队伍中的三类人员职级晋升的纲领性文件,各级各类消防救援队伍都应认真学习贯彻执行。该条例事关消防救援队伍中的每一位人员的切身利益、荣誉、待遇。该条例包含消防救援衔等级的设置、编制,消防救援衔的首次授予、晋级、保留、降级和取消等内容。各级各类消防救援队伍都应该根据此条例,认真制定符合本地区本部门的职级晋升实施细则,认真听取一线指战员的利益诉求,回答他们的重要关切,并在晋升条件上、福利待遇上向一线指战员合理倾斜。

消防救援工作因为工作危险性大、负伤死亡概率大,就不能像其他职业一样可以长久从事。因此,消防救援队伍人员的招录与退出,事关队伍的稳定性和战斗力,应给予高度重视。

2021年7月,人力资源社会保障部、应急管理部联合印发《国家综合性消防救援队伍消防员招录办法》。这使得消防员的招录工作,有章可循、有法可依。不久,应急管理部发布公告招录消防员10300名(均为男性),其中:高校应届毕业生3435名、退役士兵3432名、社会青年3433名。2022年7月,应急管理部发布公告招录消防员17625名（均为男性），其中高校应届毕业生6279名、退役士兵5673名、社会青年5673名。可以看出，2021年招录的消防员中高校毕业生、退役士兵和社会青年的比例大约各占1/3。2022年的招录总数比2021年的总数增长了约71%，高校毕业生的比例比其他两类人员高出约3个百分点。今后，应急管理部面向社会招录消防员将成为周期性、常态化工作，对于促进适龄青年就业能起到一定作用。更重要的是，能稳步地扩充队伍的新生力量，提升队伍的有生力量。

改革转制后，消防员的退出安置的具体办法正在由人力资源社会保障部会同退役军人事务部和应急管理部研究制定。实际上，各级各类消防救援机构按照过渡期内每一年具体的退出工作的通知要求，可能会沿用以往的老办法，并结合实际情况，实施消防员退出工作。

以上三点，从消防员的招录、职级晋升、退出三个方面，大致梳理了消防员职业发展的脉络和轨迹，对于稳定队伍数量、结构、层次和提升战斗力，至关重要，应详细研究，认真落实。

（五）重视消防队伍心理健康，提升消防员心理抗压能力

消防员工作的特殊性体现在，是以高度的理性、激烈的热情、坚强的意志和不懈的力量投入一场场生死考验。消防员的行为，违背并超越了人类"趋利避害、趋吉避凶"的心理特征。这是其职业特点决定的，是社会分工决定的，是社会发展的保障和代价。

我们应清楚地认识到，消防员是人不是神；消防员有能力，但并不是神通广大；消防员很勇敢，但并非不畏惧。承认消防员精神的可贵性、能力的有限性、勇敢的代价性，才能使我们对消防员的工作充满敬意而不唱高调、不抱幻想。

消防员从事的灭火及其他救援工作，是危险的、艰难的、痛苦的，是一般民众很难经历或极其不愿经历的事情。灭火及救援是他们的家常便饭。在日常生活中，应急的事情并不经常在自己身上发生，而这种事情经常发生在消防员身上。

为了处理应急的事情，人体会在短时内突然地调动生理和心理的应激机制。这是以身心的物质和能量的损耗为代价的。消防员的应急工作，是经常性的、频率高的、耗损大的。换言之，就是以生命的损耗或消亡为代价。因此，

消防员的招录年龄一般在18~22岁,服务年限在12年以下。

  一次次的灭火及应急救援过程,是一次次消耗消防员的心理能量的过程,是一次次攻击消防员心理防线的过程。消防员极易出现应激障碍,包括急性应激障碍、创伤后应激障碍和适应障碍等精神心理方面的疾病,以及因此而逐渐发展成的焦虑症、强迫症、抑郁症等。

  因此要十分重视消防队伍的心理健康,不仅要加强心理健康知识的教育和学习,更要开展消防员的心理健康咨询,还要组织消防员的团体心理辅导。我们应通过一系列专业的心理健康服务工作,及时帮助消防员缓解工作压力、减少焦虑症状、减轻痛苦程度、树立应急的心理屏障、提升应急的心理防护能力和抗压能力。

  以上几点,从消防员的职业认知、职业情感、职业传承、职业晋升和职业心理等方面,论述了促进消防员职业发展应重视的因素,并提供了策略性的认识。

消防职业人格培塑
（一）

　　这是一个具有挑战性、复杂性的主题。这个主题有三个关键词：消防、人格、培塑。要讨论这个主题，必须从这三个关键词出发，抽丝剥茧，条分缕析，把握其逻辑关系，找到培塑的方法和路径。

首先，人格的概念很重要，而学员们对其很陌生，因此必须把人格这个概念的内涵和外延解释清楚。又因为人格是一个非常复杂的概念，所以必须深入阐释人格中的动机、理想、价值观、气质和性格等非常重要的核心内容。其次，必须把消防员的职业要求及其所应具备的心理品质阐述清楚。好的是，消防员的职业要求及其所应具备的心理品质在其他篇章中从不同角度多次进行了阐发。最后，培塑就是把一个本然的消防员（刚入伍的社会青年），通过教育、培养、训练等手段，塑造成为一个应然的消防员（专业的合格的消防员）。这个过程，是一个从初始态走向目标态的过程。

通常，人们只会谈职业对一个人的要求，如职业对气质类型的要求、对性格特性的要求、对能力的要求。这是从某种职业的本质规定性上去谈的，是一种理想态、目标态。但是，鲜有心理学家来谈职业对一个人人格的影响。因为一个人的人格一般会在青年时期基本定型，更具体的是一个人的高层次需要、成就性动机、理想、信念、价值观、气质、性格、能力在某个时间段内相对稳定。尽管如此，人们还是忽略了职业对一个人的人格在某种程度、某些方面的改变或重塑。也就是人格并非是一成不变的，也有一个发展变化的过程。应当说，人格的形成、发展、变化贯穿了人一生的各个阶段。

成年早期是人格特质逐步稳固的关键期、敏感期。这个阶段，也正是一个人逐渐走向职业化、具体从事某项的职业的过程。当今消防员的招录年龄在18岁以上、22岁以下，最低服务期限为5年。正因为如此，我们才有可能在这里讨论消防员的人格培塑。不仅有可能对消防员的人格进行培塑，而且也非常有必要。因为事关消防员的职业发展、职责要求和使命担当。

因此，本篇将着重解析人格的两大方面特征。下一篇将在本篇基础上探析消防员人格的培塑。

一、人格

（一）人格定义及其结构

这里所要讨论的人格（个性）等概念，是心理学意义上的概念，并不涉及其社会性和道德性意义。在《心理学大辞典》中，个性也称人格，指一个人的整体精神面貌，即具有一定倾向性的心理特征的总和。个性结构是多层次、多侧面的,由复杂的心理特征的独特结合构成的整体。这些层次有:第一,完成某种活动的潜在可能性的特征,即能力;第二,心理活动的动力特征,即气质;第三,完成活动任务的态度和行为方式的特征,即性格;第四,活动倾向方面的特征,如动机、兴趣、理想、信念等。这些特征不是孤立存在的,而是有机结合的整体,对人的行为进行调节和控制。

人格是指人的心理面貌的总和,即在心理过程中经常表现出来的、比较稳定的、具有一定倾向性的、独特的心理品质的总和。它主要有两部分内容,一是人格倾向性,包括需要、动机、兴趣、理想、价值观等;二是人格特征,包括能力、气质和性格等。

(二)人格的特征

一个人的人格表现在知、情、意等心理活动的各个方面,包括个人的认知能力的特征、行为动机的特征、情绪反应的特征、人际关系协调的程度、态度和信仰的体系、道德价值的特征等。一般说来,人格是在一定社会历史条件下,通过社会实践活动形成和发展起来的。一个人的人格是他过去的整个生活历程的反映。人格的形成也和人的生物遗传因素有关,因为人与人的个体差异从诞生的第一天起就有所表现。作为区别人与人的不同特征的人格,正是在这种先天生物学差异的基础上,在某种社会文化环境的影响下,通过不断的社会性内化过程而逐渐形成的。

人格具有五个方面的特征。一是独特性。所谓"人心不同,各如其面",诚如世界上没有完全相同的两片叶子。二是整体性。人格是由多种成分彼此联系、相互作用构成的一个有机整体。三是功能性。外界环境刺激通过人格的中介才能起作用,人格对人的行为具有调节功能。四是稳定性。人格是稳定的,对人行为的影响是一贯的,一般不受时间、地点的限制。五是自然性和社会性的统一。人格是在先天遗传的自然素质基础上,通过后天的学习、教育与环境的作用逐渐形成的。

二、人格倾向性

人格倾向性包括需要、动机、兴趣、理想、价值观等。

（一）需要

需要，就是人对某种目标的渴求或欲望。需要是人的行为的动力基础和源泉，是人脑对生理和社会需求的反映（人们对社会生活中各类事物所提出的要求在大脑中的反映）。心理学家也把促成人们各种行为动机的欲望称为需要。

1.需要的分类和层次

需要可以分为自然性需要和社会性需要。现代西方普遍接受的是美国心理学家马斯洛的需要层次理论，认为需要可以分为五个等级（五个层次：生理、安全、社交、尊重、自我实现），反映不同的人的不同需求。

2.需要的合理性

马克思主义认为，个体的需要是个体行为积极性和动力的源泉和基础。人有了物质方面和精神方面的需要，才会产生行动的积极性；正是个体的这种和那种需要，才促使人们、推动人们去从事这项或那项活动，去完成这项或那项任务。人对某一方面事物需要越强烈，他的积极性就越高，动力就越大。因此，需要总是带有动力性、积极性的，而且需要的水平也总是在不断提高的。需要总是在不断地更新、不断地增加，需要又总是推动人们去不断地努力、不断地奋斗。

3.需要对促进人的发展的作用

需要在人的个性心理中也起着重要作用。需要是人类认识过程的内部动力。为了满足需要，个人必须通过认识过程解决一定的问题，完成一定的任务。需要在人的个性心理活动中往往又以情绪表现出来。能满足人需要的事物，会对其产生肯定的情绪；不能够满足人需要的事物，则会对其产生否定的情绪。情绪是反映人的需要是否满足的标志，与人的需要毫无关系的事物，则不会引起人们的情绪和注意。

需要对人的意志的形成和发展也起着积极的推动作用。个人物质和精神方面的需要、社会的需要，会促使人们去为了满足这种需要和适应这种需要坚持不懈地努力，并在这一过程中形成了自己的意志和决心。值得注意的是，正确的、符合道德规范的需要，会培养良好的个性、良好的情绪和良好的意志；不正确的、不符合道德规范的需要会导致不良的个性、不良的情绪、不良的意志。

(二)动机

动机,是引起个体活动、维持并促使活动朝向某一目标进行的内部动力。引起动机的因素有两类,一是内部因素,如需要、兴趣、信念等;二是外部因素,如目标、压力、责任、义务等。

1.动机类型

动机根据其性质可以分为生理性动机和社会性动机。生理性动机主要指人作为生物性个体,由于生理的需求而产生的动机。例如,人为了维持生命和发展自己,就需要食物填饱肚子。社会性动机是指人在一定的社会、文化背景中成长和生活,通过各种各样的经验,懂得各种各样的需要,于是就产生了各种各样的动机,例如交往动机、成就动机等。交往动机指个体愿意与他人接近、合作、互惠,并发展友谊的动机。成就动机指个体在完成某种任务时力图取得成功的动机。麦克莱伦认为,每个人的成就动机都是不相同的,每一个人都处在一个相对稳定的成就动机水平。阿特金森认为,人在竞争时会产生两种心理倾向:追求成就的动机和回避失败的动机。

2.影响成就动机的因素

影响成就动机的因素有:成就动机的高低与童年所接受的家庭教育关系;教师的言行影响学生成就动机的强弱;经常参加竞争和竞赛活动的人比一般人的成就动机强;学生的学习成绩与其成就动机呈正相关;个人对工作难度的看法影响成就动机;个性因素影响成就动机;群体的成就动机的强弱与自然环境和社会文化条件有关。

3.动机的功能

动机对个体的活动有三种功能。第一,引发和始动性功能。没有动机,就不可能有行动,动机是人的行动动力。第二,方向和目标性功能。个性所产生的动机都有一定的方向性和目的性,他的行动总是按照一定的方向和目标去实践的。第三,强化和激励性功能。个性的动机对其行动起着维持、强化和激励的作用,以使其最终达到目标。动机产生目标,目标总是促使、激励人们不断地进取,获得成功。一般来说,动机越明显、越强烈,这种强化和激励性功能也就越大。

(三)理想

理想是一个人对未来有可能实现的奋斗目标的向往和追求,或者说是一个人所向往的或所要模仿的事物、人的主观形象。理想是与一个人的愿望相联系的,是对未来的一种设想,它往往和目前的行动不直接联系。但理想与现实生活又是相联系的,现实生活中的某些对象和现象如果符合个人的需要,与个人的世界观相一致,这些现实的因素就会以个人理想的形式表现出来。理想是对现实生活的重新加工,舍弃其中某些成分,又对某些因素给予强调,但它必须以对客观规律的认识为基础,符合客观规律。例如,电影编导在塑造一个理想人物时,这个人物既是编导对现实生活中人物的再加工、再取舍,又是符合客观规律,与现实的生活环境相融合的,否则这个人物就会成为表面上的"高大全",实质上的"假大空",不可能真正成为有血、有肉、有个性的典型人物。

1.影响理想形成的因素

一个人的理想往往受家庭教育、学校教育和社会环境的影响而形成和发展起来。一般来说,一个人随着年龄的增长、知识的增加、视野的开阔,家庭的影响和学校的影响会逐步减弱,社会的影响会逐步增大,而且理想的形式也存在不同的水平。

2.理想的特征

理想是人所向往的、力求实现而又有实现可能的想象。理想从其形成过程来说,属于想象。但它与一般想象不同。首先,理想的形象是一个人自己所向往的,作为努力奋斗目标的形象。它与一般的幻想不同,理想的形象是以客观现实为依据、符合客观发展规律的,因此是可以实现的。其次,理想的形象可以是特定的具体形象,如向往某个人物或某个社会,希望这个人物的品质能在自己身上得以体现,或者力求这个社会能成为自己的生活现实。再次,理想的形象又可以是综合性的形象,即把现实中几个人物综合起来,成为一个自己认为完美的而当前并不存在的形象,作为向往和努力奋斗的目标。最后,理想的形象还可以是概括性的形象,即根据社会行为准则和社会发展规律,对现实进行筛选,舍弃其中假、丑、恶的因素,提取其中真、善、美的因素,加以强调甚至夸大,重新构成一个为自己所向往的并为之努力奋斗的形象。

3.理想区别于空想和妄想的特点

理想不同于空想和妄想。理想是一种正确的想象,具有不同于空想和妄想的突出特点。

第一,理想具有客观必然性。理想的客观必然性就是理想作为一种想象,正确地反映客观实际,正确地反映现实与未来的关系,合乎事物变化和发展的规律,经过努力是可以实现的。

第二,理想具有社会性。理想是人类特有的一种精神现象,理想具有鲜明的社会性。理想的社会性是指理想不是离开社会的孤立的个人的随意想象,而是由社会制约和决定的想象。

第三,理想具有阶级性。在阶级社会,理想具有鲜明的阶级性。在阶级社会中,由于不同阶级的社会地位和经济利益的不同,追求的目标也就各不相同,所以,他们形成的理想也各不相同。人们的阶级地位和阶级利益决定,人们的理想在阶级社会中必然具有阶级的烙印。各阶级统一的理想是不存在的。

4.理想的分类

理想可以分为两大类:个人理想和社会理想。个人理想是对个人未来的设想和希望,它包括职业理想、道德理想、生活和家庭的理想。社会理想是对美好社会的追求和向往。个人理想和社会理想是相互联系的,其中社会理想是处于最高层次的理想,它是理想的核心,制约着个人理想,个人理想是社会理想的具体体现。一个人如果没有远大的社会理想,而仅追求脱离社会实际的个人理想,是不符合时代精神的,也是一种低层次的理想;反之,如果仅有社会理想而没有个人理想,那么这个社会理想是空洞的、不切实际的。

(四)价值观

价值观,是指个人对客观事物(包括人、物、事)及对自己的行为结果的意义、作用、效果和重要性的总体评价,是对什么是好的、是应该的的总看法,是推动并指引一个人采取决定和行动的原则、标准,是个性心理结构的核心因素之一。它使人的行为带有稳定的倾向性。

1. 价值观的功能

价值观决定、调节、制约个性倾向中低层次的需要、愿望等,它是人的动机和行为模式的统帅。人的价值观建立在需求的基础上,一旦确定则反过来影响和调节人进一步的需求活动。人们对各种事物,如学习、劳动、享受、贡献、成就等,在心目中存在主次之分,对这些事物的轻重排序和好坏排序构成一个人的价值观体系。价值观体系是决定一个人行为及态度的基础。

2. 价值观形成的影响因素

价值观受制于人生观、世界观。一个人的价值观是从出生开始,在家庭和社会的影响下逐渐形成的。一个人价值观的形成受其所处的社会生产方式及经济地位的影响,这在一定程度上是不可逆的。具有不同价值观的人会产生不同的态度和行为。

由于个人的身心条件、年龄阅历、教育状况、家庭影响、兴趣爱好等不同,人们对各种职业有着不同的主观评价。从社会来讲,由于社会分工的发展和生产力水平的相对落后,各种职业在劳动性质和内容上,在劳动难度和强度上,在劳动条件和待遇上,在所有制形式和稳定性等诸多问题上,都存在着差别。再加上传统的思想观念等的影响,各类职业在人们心目中的声望地位便也有好坏高低。这些评价形成了人的职业价值观,并影响着人们对就业方向和具体职业岗位的选择。

3. 价值观的属性

价值观是一种内心尺度。它凌驾于整个人性当中,支配着人的行为、态度、观察、信念、理解等,支配着人认识世界、明白事物对自己的意义和自我了解、自我定向、自我设计等,也为人自认为正当的行为提供充足的理由。

价值观包括内容和强度两种属性。内容属性告诉人们某种方式的行为或存在状态是重要的;强度属性表明其重要程度。当我们根据强度来排列一个人的价值观时,就可以获得一个人的价值系统。每个人的价值观都是一个层次,这个层次形成了每个人的价值系统。这个系统通过我们赋予自由、快乐、自尊、诚实、服从、公平等观念相对重要性而形成层次。

4.价值观的特性

价值观主要有三个方面的特性。第一,价值观是因人而异的。由于每个人的先天条件和后天环境不同,人生经历也不尽相同,每个人的价值观的形成会受到不同的影响。因此,每个人都有自己的价值观和价值观体系。在同样的客观条件下,具有不同价值观和价值观体系的人,其动机模式不同,产生的行为也不同。第二,价值观是相对稳定的。价值观是人们思想认识的深层基础,它形成了人们的世界观和人生观。它是随着人们认知能力的发展,在环境、教育的影响下逐步形成的。人们的价值观一旦形成,便是相对稳定的,具有持久性。第三,价值观在特定的环境下又是可以改变的。由于环境的改变、经验的积累、知识的增长,人们的价值观有可能发生变化。

5.价值观的功能

价值观对人们自身行为的定向和调节起着非常重要的作用。价值观决定人的自我认识,直接影响和决定一个人的理想、信念、生活目标和追求方向的性质。价值观的作用大致体现在以下两个方面。第一,价值观对动机有导向的作用。人们行为的动机受价值观的支配和制约,价值观对动机模式有重要影响。在同样的客观条件下,具有不同价值观的人,其动机模式不同,产生的行为也不相同。动机的目的、方向受价值观的支配。只有那些经过价值判断被认为是可取的,才能转换为行为的动机,并以此为目标引导人们的行为。第二,价值观反映人们的认知和需求状况。价值观是人们对客观世界及行为结果的评价和看法。因而,它从某个方面反映了人们的人生观和价值观,反映了人的主观认知世界。

6.价值观与组织行为

价值观对于研究组织行为是很重要的,因为它是了解员工的态度和动机的基础。同时它也影响我们的知觉和判断。每个人在加入一个组织之前,早已形成了什么是应该的、什么是不应该的的思维模式。当然,这些观点不可能与价值观毫无关系。相反,它们包含着对正确与否的解释,而且,它们隐含着一种观念:某种行为或结果比其他行为或结果更可取。

从组织行为学的观点来考虑,价值观会影响当前及将来员工的行为,对塑造组织的未来也有着深刻的影响。所以,对价值观的了解和研究就显得极为重要。价值观在组织中的影响主要表现在以下几方面:影响对他人及群体的看法,从而影响人与人之间的关系;影响个人对决策和问题解决方法的选择;影响个人对所面临的形势和问题的看法;影响关于道德行为标准的确定;影响个人接受或抵制组织目标和组织压力的程度;影响对个人及组织对成功和成就的看法;影响个人对目标和组织目标的选择;影响管理和控制组织中人力资源的手段的选择。

三、人格特征

人格特征,包括气质、性格和能力等。

(一)气质

气质是指一个人心理活动动力特点的总和。所谓心理活动的动力,一是指心理过程的速度和稳定性,如知觉的速度、思维的灵活程度、注意集中时间的长短等;二是指心理过程的强度,如情绪的强弱、意志努力的程度等;三是指心理过程的指向性,包括外倾性和内倾性。

1. 气质的三种特征

第一,气质具有先天性的特征。气质的生理基础是神经系统类型,它体现了人的高级神经活动类型的特征,气质类型就是高级神经活动类型在人的活动中的表现。因此,气质同遗传因素有关,具有先天性的特点。

第二,气质是典型的稳定的个性特征。每个人的气质总是表现出一定的类型特点,这些特点在人的身上是典型和稳定的。有的人总是那么聪明、伶俐、乐观、活泼,受大家喜欢;有的人总是那么威严、傲慢、厉害、暴躁,令人敬而远之;有的人总是四平八稳、反应缓慢,火烧眉毛也不着急;还有的人总是马马虎虎、毛手毛脚,不能稳当办事。

第三,气质随人的年龄和环境条件的变化而变化。气质虽然具有先天的稳定的特点,但不是固定不变的。人的年龄、生活环境、文化教育及主观努力都是影响气质的因素。在人的一生中,不同的年龄常会有不同的气质表现。

青少年时,血气方刚,表现出活泼、好动、敏捷、热情、积极、急躁或轻浮;壮年时,阅历渐深,表现出坚毅、机智、沉着、踏实;老年时,表现出老成持重、安详、沉稳。同时,环境变化也会引起气质的改变,热情活泼的孩子常会因家庭变故而变得冷漠孤僻。这说明人的气质是可以改变的。

2. 气质的类型

早在公元前5世纪,古希腊医生希波克拉底就提出了气质的概念。他认为人体内有四种体液,按照人体内占优势的体液不同,他将气质概括为四种类型:胆汁质、多血质、黏液质、抑郁质。这一分类尽管缺乏科学的根据,但在日常生活中确实能看到这四种类型的典型代表。后来,苏联生理学家巴甫洛夫关于高级神经活动的学说为气质分类提供了科学依据。巴甫洛夫揭示了神经系统有三种特性,即兴奋和抑制的强度、兴奋和抑制的均衡性、兴奋和抑制相互转换的灵活性。这三种神经活动的特性,形成四种最典型的结合,即高级神经活动的四种基本类型:兴奋型、活泼型、安静型、抑制型,如下表。

表1 高级神经活动的四种基本类型

气质类型	神经系统的基本特点	高级神经活动类型
多血质	强、平衡、灵活	活泼型
胆汁质	强、不平衡	兴奋型
黏液质	强、平衡、不灵活	安静型
抑郁质	弱	抑制型

在现实生活中,属于上述典型气质类型的人是很少的,大多数人都是以某一类型的气质为主,同时兼有其他类型的一些特点,即属于中间类型。因此,在观察某个人的气质时,应根据实际情况具体分析其特点,而不能根据典型气质的一般特征进行简单的推测。

3. 气质与工作

每种气质类型的特点鲜明,每个人的气质本身并无好坏之分。一个人的气质不能决定一个人的社会价值,也不能决定一个人的工作成就。但是,现实中的每一种职业和工作都有特定的性质和内容,对工作人员的气质也都具有一定的要求,而从事某项工作的人员具体的气质是什么样的,对工作效率是有影响的。因此,管理者在安排工作时,应该考虑到职工的气质,具体来说,应注意以下几个问题:

第一,对于普通职业或工作,应尽可能使职工的气质与工作要求相一致。

一个人的气质确实不能决定一个人能干什么,不能干什么。但也不能否认,当一个人的气质特点符合工作要求时,这个人就比较容易适应,工作起来也比较轻松;而当这个人的气质特点不符合工作要求时,他适应起来就困难一些,工作起来就比较费劲。一般来说,要求作出灵活迅速反应的工作,对多血质和胆汁质的人较为合适,而黏液质和抑郁质的人较难适应;反之,要求持久、细致的工作,对黏液质和抑郁质的人较为合适,而胆汁质和多血质的人则较难适应。不同气质的人从事一种工作,可能付出同样的努力,而工作效果不同。因此,管理者应善于发挥职工的气质特长,尽可能使职工的气质特点与工作要求相一致,这样既可以使职工工作起来比较顺利,又可以取得较好的工作效果。

第二,对于某些特殊职业或工种,应把气质作为选择职工的重要依据。

在实际中,有一些特殊的职业或工种对人的气质特点具有特殊的要求。如果人的气质达不到要求,将很难胜任工作。例如,大型动力系统的调度员、矿坑救护员、高空带电作业的工作人员等等,这些人员要从事一些危险的活动,负有重大的责任,要经受身心紧张情况。因而要求他们具有灵敏迅速的反应,要求他们沉着冷静、理智善变、胆大心细、临危不惧。否则,将给工作带来损失,甚至会造成重大事故。在这种情况下,气质特性就成为一个人是否适合于从事该种职业或工种的重要因素。因此,管理者在选择这类职业或工种的工作人员时,应当注意考察和测定人的气质特性,把是否具有工作要求的特殊气质作为职业选择和淘汰的重要依据之一。

第三,在组织群体时,应考虑群体成员的气质互补。

如前所述,人的气质特征具有个体差异,人们结合成为一个群体时却可以形成气质互补。例如,有些属于黏液质的纺织工人,他们具有注意的稳定性,但缺乏注意迅速转移的灵活性,另一些属于多血质的工人,他们具有注意迅速转移的灵活性,但缺乏注意的稳定性。如果让多血质与黏液质的两种工人合作看管一些纺织机,发挥彼此气质的互补作用,就可以相互弥补对方的短处,使工作效率得以提高。因此,管理者应考虑到成员的气质,尽可能按个人的气质特征适当地编排班组,使不同气质的职工在同一个班组工作,发挥职工气质间的补偿作用,从而促进群体工作任务的圆满完成。

(二)性格

性格的意思是指"特征""标志""属性"或"特性",是指由人对客观现实的稳定态度和行为方式中经常表现出来的稳定倾向。它是个性中最重要和显著的心理特征。

性格是一个人对现实的态度以及与之相适应的习惯化的行为。性格是个性心理特征中最重要的方面,它通过人对事物的倾向性态度、意志、活动、言语、外貌等表现出来,是人的主要个性特点即心理风格的集中体现。人们在现实生活中显现出的某些态度倾向和行为方式,如大公无私、勤劳、勇敢、自私、懒惰、沉默、懦弱等,都反映了其性格特点。

1.性格的特征

第一,性格的态度特征。即表现个人对现实的态度的倾向性特点。例如,对社会、集体、他人的态度,对劳动、工作、学习的态度以及对自己的态度等。

第二,性格的理智特征。即表现心理活动过程方面的个体特点。例如,在感知方面,是主动观察型还是被动感知型;在思维方面是具体罗列型还是抽象概括型,是描绘型还是解释型;在想象力方面,是丰富型还是贫乏型;等等。

第三,性格的情绪特征。即表现个人受情绪影响或控制情绪程度的特点。例如,个人受情绪感染和支配的程度,情绪受意志控制的程度,情绪反应的强弱、快慢,情绪起伏波动的程度,主导心境的性质等。

第四,性格的意志特征。即表现个人自觉控制自己的行为及行为努力程度方面的特征。例如:是否具有明确的行为目标,能否自觉调适和控制自身行为,在意志行动中表现出的是独立性还是依赖性,是主动性还是被动性,是否坚定、顽强、忍耐、持久等。

2.性格和气质的关系

第一,性格和气质都属于稳定的人格特征。

第二,性格和气质互相渗透,彼此制约,两者相互影响。气质对性格的影响表现在两个方面:一方面,气质影响到一个人对事物的态度及其行为方式,因而使性格带上某种气质的色彩和具有某种特殊的形式;另一方面,气质影响到性格的形成和发展,性格可以掩蔽和改造气质,指导气质的发展,使它服从于生活实践的要求。

3.性格与职业的关系

性格决定着职业发展的长远。事业的成功与否,与性格和职业的匹配密切相关。我们知道"马跑得快,牛会犁田,狗能看家"。如果让马去"看家",肯定不能尽职;如果叫狗去"犁田",肯定没法完成任务。这是因为天生特性决定其具有某方面的功用与特长。如果一个人从事的职业与他的性格相适应,并有能力相支撑时,工作起来就会得心应手,心情舒畅,提高了自身工作满意度增强了工作绩效,就容易取得成功。如果性格与职业不适应,性格就会阻碍工作的顺利进行,使从业者感到被动、缺乏兴趣、力不从心、精神紧张,这会给个人和组织造成不良影响。

美国著名的职业生涯指导专家霍兰德将职业选择看作一个人性格的延伸。他认为,职业选择也是性格的表现。个人的性格与职业之间的适配和对应是职业满意度、职业稳定性与职业成就的基础。职业发展的过程中,职业技能和相关资质固然重要,但是,充分挖掘自身的个性,找到性格特点、能力素质与职业需求之间的匹配度,才是最大限度地发挥自身潜能,并尽快达到成功的关键,是确保职业可持续发展的决定性因素

4.影响性格与职业匹配的因素

现今职场中,因性格与职业发生错位而导致职业的失败已逐渐成为职场人士面临的严峻问题。现实生活中有很多因素影响着性格与职业的匹配:

第一,个人对自己的性格类型、兴趣爱好和潜力等了解不够充分,对目标职业的需求和特点认识不清,从而无法选择合适的职业。

第二,由于社会竞争日益激烈,人们追求生存和发展的需要,在择业时考虑各种现实因素,如福利、工作环境等而忽视了性格是否与职业相匹配。

第三,受个人知识、技能和学历水平的限制而无法根据自己的性格和兴趣选择合适的职业。

第四,社会舆论导向在人们择业过程中发挥了重要作用,许多人不顾自身的性格特征而一味地从事所谓的热门行业。

第五,家族传统职业或亲朋好友的意见对于人们择业有重要的影响。

5.性格与职业匹配建议

第一,了解自己的性格,选择合适的职业。个人应根据自己的性格特征、兴趣爱好等选择合适的职业。可以借助科学手段了解自己的性格类型,以及兴趣爱好、价值观、理念,分析自身的优劣势,并结合自身专业知识、技能等,合理设定职业目标,了解该职业的需求,做好职业规划,实现性格和职业相匹配。

第二,完善自己的性格,让性格适应工作。性格不是一成不变的,具有可塑性,受社会生活环境的影响,通过后期的实践活动,人的职业个性可以随着职业的需求作适当调整。我们一方面讲究"人职匹配""先天优势",同时也强调注重"职业适应性",以提高生存能力。在适应社会过程中遇到性格与职业选择错位的问题是非常普遍和正常的。关键是如何针对自身的弱点,弥补不足。对于内向型的职业人,从职业发展的角度看,性格与职业匹配是最佳选择。但随着社会开放度的日益加大,适当锻炼交际能力对自己职业发展有很大帮助。

第三,利用他人性格的长处,发挥不同性格的作用。兴奋型性格更适于做有推动力和开创性的工作,他们更有领导人的特质;活泼型性格更适于做公关和打开人际关系,他们更能够制造轻松愉快的氛围、与人打成一片;安静型性格更适于做规划和研究的工作,他们如果加上兴奋型将是非常难得的领导人,而且他们更有艺术天赋、更能深入人的内心;抑制型的人安静从容,他们是一流的倾听者,有良好的人际关系,受人喜欢,又可以博采众长。所有这些性格都有其独特性,这样才构成了丰富多彩、刚柔相济、和谐协作的美好社会。

(三)能力

能力是完成一定活动的本领,是一种力量。任何一种活动都要求参与者具备一定的能力,而且能力直接影响着活动的效率。例如,搞外交工作,要具有灵活而敏捷的思维、较好的语言表达能力、较强的记忆能力等;从事管理工作,要具备一定的组织、交际、宣传说服等能力。只有在能力上足以胜任工作,才能取得良好的工作绩效。否则,工作就不能顺利进行。

1. 能力类型

能力可以分为一般能力和特殊能力。一般能力是在很多基本活动中表现出来的能力，它适用于广泛的活动范围。例如，观察力、记忆力、注意力、想象力、抽象思维等。在西方心理学中把一般能力称为"智力"。特殊能力是表现在某些专业活动中的能力，它只适用于某种狭窄的活动范围。例如，节奏感受能力、色彩鉴别能力、计算能力等。

能力也可以分为基本能力和综合能力。基本能力是指某些单因素能力，即主要通过大脑某一种功能完成的心理活动中表现出来的能力，例如感知、记忆、思维、肌肉运动等。综合能力是由许多基本能力分工合作完成的活动中表现出来的能力。例如，数学能力、音乐能力、管理能力等，都是由某些基本能力结合而成的综合能力。

2. 能力的差异性

一个人自身的不同能力在强度上存在差异（内部的）。每个人所具有的能力是多方面的，总有相对来说较强的能力，也有一般的能力和较差的能力。同时，不同的人在相同能力方面也存在差异的（外部的）。在人与人之间，各种相同能力的发展程度不同，所具有的水平不同。例如，正常的人均具有记忆能力，但人与人之间的记忆力水平高低不同；正常的人也都有思维能力，但思维的广度和深度也不同。有人把能力水平的差异分为四个等级：能力低下、能力一般、才能、天才。能力的表现在时间上存在差异，如王勃少年英才、齐白石大器晚成。

3. 能力与量才为用

合理用人，从古至今都是成事的关键，也历来是管理的重要原则之一。一个管理者只有根据职工的能力状况做到量才为用，才能把职工的作用最大限度地发挥出来，从而提高管理效率。具体来说，管理者在使用人时，应注意以下原则：

第一，能职一致原则。每一种工作都对从事该工作的人的能力水平具有一定的要求，管理者在安排人员时，应尽量使职工本身所具有的能力与实际工作的要求相一致，这就是能职一致原则。

第二，能职优化组合原则。人的能力是多方面的，而且有着类型的差别。

在使用人时,应该从人的强项出发,实现工作与长处的结合,使其较强的能力充分发挥出来,这就是能职优化组合原则。在用人时扬长避短,这是人所共知的道理,但在实际管理中做到这一点并非易事。因为人有所长,必有所短,而且常常是优点越突出缺点也越明显。

第三,能力互补原则。在组建群体时,考虑成员间能力上的搭配与协调,使之在工作过程中能够配合默契,相互补充,这就是能力互补原则。群体成员应具有各不相同的特长,整个群体应尽可能具有各方面的专门人才,这样才能在具体工作中取长补短、相互配合,保证工作任务顺利完成。

综上所述,人格概念复杂,涵盖丰富,内容多样。它反映或者表达着一个人整体的精神面貌和心理特征。因此,要探索消防员职业对从业者的要求、培养和塑造,是不能够绕开人格的诸多方面及其影响因素的。

消防职业人格培塑
（二）

本篇将在上一篇对人格内涵解析的基础上，分析总结影响人格的因素，对照消防员的职业要求，深入探析消防职业人格培塑的方法和途径。

一、影响人格诸多方面的因素

在上一篇中,我们详细解析了人格的具体内涵、特征、功能和影响因素。归结起来,影响人格形成的不外乎如下的几个方面的因素。这些影响因素是笼统的、概括性的,在实践中,遇到具体的问题,要具体分析,具体对待。

(一)生物遗传因素

生物遗传是人格形成不可缺少的影响因素,具体的如人的生理性需求、生理性动机、气质类型等都受到生物遗传因素的影响。生物遗传因素具有先天性、不可更改性、难以塑造性等特点,因而决定了人的底色,是一个人必须接受的。例如一个人的生理性别和气质类型在出生时就确定了。生物遗传因素对一个人的影响几乎是终身的,影响人格的发展方向。同时,也要看到人格形成和发展的过程是先天因素(生物遗传)与后天因素(教育、社会、环境)交互作用的结果。

(二)家庭教养因素

教养,包含两个方面,一个是养育,一个是教育。在不同的年龄阶段,养和教的侧重点是不一样的。一个孩子从刚出生到6岁,也就是在婴儿期和幼儿期,需要更多的是要养育。要注意其生理、心理的成长发育,要注重营养、体格健壮,避免营养不良、体弱多病。6岁之后,需要更多的是教育。

教养方式是个体性格形成的主要影响因素,不同的教养方式会让个体的性格产生巨大差异。如采用放纵型教养方式的父母,对孩子过于溺爱,让孩子随心所欲,父母对孩子的教育有时处于失控的状态。在这种环境中成长的孩子多表现为任性、幼稚、自私、独立性差、蛮横无理、胡闹等。

在民主型教养方式的家庭中,父母与孩子平等和谐的氛围中,父母尊重孩子,给孩子一定的自主权,并给孩子积极正确的指导。这种教养方式使孩子形成积极的性格,如活泼、自立、彬彬有礼、善于交往、富于合作精神、思想活跃等。

(三)学校教育因素

学校教育在学龄儿童人格的形成与发展中具有重要作用,学校不仅是传授科学文化知识的场所,也是发展智力,进行政治和思想品德教育的地方,是促使儿童形成和发展人格特征最重要的场所。

一个孩子从上幼儿园、小学、中学到大学,甚至到研究生阶段,无不是在学校教育的环境中成长起来的。这个过程通常持续15年以上,到了大学毕业就是19年,到了硕士或博士阶段则需要25~30年的时间。因此,学校教育是非常重要的影响因素。

(四)社会文化地域因素

这里把社会、文化、地域三个因素合起来讲。社会,涵盖一个国家的性质、政权、制度等方面。文化,涵盖一个族群的历史、传承、风俗、宗教等。地域,涵盖一个地区的地貌、纬度、气候、农作物等。这些都对人格形成具有重要的作用,特别是后天形成的一些人格特征。社会文化地域对一个人人格的影响有强有弱,但是一个人不可能脱离他所处的社会文化地域而存活。在某个地域的某种社会里的某种文化决定了这里的人具有普遍共性的某种特征。

(五)个人主观因素

在强调生物遗传因素、家庭教养因素、学校教育因素、社会文化地域因素这些外部因素的同时,不能忽略一个人内部的主观因素。人不是任由雕刻的木头、石材。木头、石材是死物,而人是活物,而且还相当有头脑、有智慧、有情感,还会做出行动反应。马克思主义哲学肯定了人具有主观能动性。因此,人并不总是被动地接受某种要求,按照某种要求做出行为反应。而是可以在理解和接受的基础上,把个体的需要、动机、兴趣、价值观等以符合自身气质、性格和能力特点的方式,主动地参与自身的人格塑造。这是一个循环往复的过程。

(六)职业影响因素

除了学校教育因素表现为以时间的长短来说明对人格的深刻影响,还有就是职业会对人的人格产生深刻影响。毕竟,无论一个人接受了多长时间的学校教育,他最终都要走入职业,都要有一份工作。人在职业上所花费的时间是最长久的。而且在步入老龄化社会越来越缺少劳动力的情况下,一个人工作的时间将会更长。

有的人一生,只从事了一种职业。而有的人的一生,会经历好几种职业。可以说,职业生活是一个人把最美好最宝贵的时间和最充沛的体力心力拿出来参与社会劳动、获取劳动所得、贡献个体智慧和力量的一段时间。因此,职业对一个人的人格的影响也是非常深刻的。

二、消防员的职业要求和心理品质

消防员是十分特殊的职业,有不同于其他职业的要求及其心理品质。

(一)消防员的基本要求

消防员的基本要求,可以总结为以下四大类:

职业要求:消防员不仅需要具有强健的身体,适应各种复杂、多变和危险的环境,而且要求消防员具有过硬的业务本领,精通消防业务理论和灭火技术、战术。同时,应具备良好的心理素质,遇到危险时情绪稳定、不慌、不惧,有良好的观察、记忆、判断和思维的能力。

体能要求:一名合格的消防员要具备良好的力量、速度、耐力和灵敏等身体素质,能适应在复杂、多变和危险的环境中进行灭火战斗和应急救援的需要,能以最短的时间、最快的速度去完成任务。还要具备良好的适应自然环境的能力,能在严寒、酷暑以及风、雨、雪等气候条件下进行灭火战斗和应急救援,拥有勇敢顽强、雷厉风行、连续作战的能力。

技能要求:能熟练掌握消防业务理论知识,了解消防的历史和现状,明确消防的发展趋势,熟悉物质燃烧知识、化学危险品性质,了解火灾发生、发展过程,能灵活实施灭火战术,正确使用灭火器材,确保灭火成功。能熟练掌握各种应急救援(地震、洪涝、泥石流等)的知识和技能,随时应对各类应急救援任务。

心理素质要求:在灭火及灾害救助中,消防员将承受空前沉重的心理负荷,因此在心理上必须具备勇敢、大胆、坚定、机智等品质,能在经过长时间的体力和心理负荷以及精神上的震动而不丧失争取胜利的意志力。

(二)消防员的必备心理品质

因消防员工作具有危险性、伤害性、消耗性等特征,也就相应地要求消防员首先能够从心理上克服紧张、恐惧、焦虑、慌乱等生理、情绪和行为反应。更重要的是还能在危险中,为了灭火和救援的目的,按照不同灾情下处置的原则、程序、措施等实施最大限度的灭火和救援。这就对消防员的心理素质和行为能力,提出了更高的要求。如消防员要临危不惧、迎难而上、敢打敢拼。

消防员应具备的心理品质有很多。不同的人,会从不同角度给予期待或定义。我们在这里罗列一些应当具备的心理品质,同时并不意味了其他的心理品质不重要。

赤诚心:赤诚是底色,忠于党、忠于祖国、忠于人民,是消防人不变的承诺。

荣誉感:荣誉是比武场上的一块奖牌,是警铃响起的每一次冲锋,是求助者化险为夷的满脸笑容。

能坚守:是滚滚浓烟里、泥泞荆棘中、抢险救灾时,消防员用血肉之躯,书写的使命与担当。

有血性:敢打敢拼,是刀山敢上、火海敢闯的男儿本色。

战极限:掉皮掉肉不掉队,流血流汗不流泪,每一次超越自我,都是涅槃重生。

能团结:蚂蚁成团就能滚出新的生路,不抛弃不放弃,团结就能攻坚克难,足以迎接任何挑战。

担责任:能够正确认识和适应社会,言行符合指战员身份,能对自己的行为负责。

能奉献:能形成高尚的理想与远大的抱负,能使自己的行为与消防队伍的要求保持一致。

乐观:以苦为美、以苦为乐、以苦为荣,经历磨难只为守护一方安宁。

严明:纪律严明、令行禁止,坚持"两严两准"的准现役军事化管理。

坦荡:能正确地评价自己,正确地对待周围同志的批评和帮助,不妄自尊大,不妄自菲薄。

三、消防员人格培塑的方法和途径

我们将从人格倾向性和人格特征两大方面、八个维度,详细讨论消防员人格培塑的方法和途径。

(一)满足消防员的层次需要,促进自我实现的需要

消防员需要的满足,遵循一般职业的满足方式和渠道。需要的满足有两种方式:直接满足和间接满足。前者是靠工作本身及工作中人与人之间的关系获得的。在组织、计划、协调等各项管理活动中寻求满足职工需要的各种方法,使职工对工作有兴趣、有热情、有自豪感,以致产生的高峰间接满足是职务外的满足,是在工作后获得的,如工资、奖励、食堂、托儿所、俱乐部等。具体内容如下表:

类别	直接的满足	间接的满足
生理需要	工作环境	工资、奖励、津贴、福利
安全需要	操作及心理安全	经济安全、保健待遇
社交需要	社交、归属	金钱、地位、头衔
尊重需要	成长欲、地位欲	社会尊敬与赞赏
自我实现需要	成就感	专家的荣誉

人的需要有层次,但并不是按照需要层次理论所设定的某个层次的需要充分满足之后,才能去满足其他高层次的需要。在特殊情况下,某个层次的需要只要得到一定程度的满足,甚至缺乏某层次需要的满足,也会产生高层次的需要。

(二)利用消防员的成就动机,促进建功立业

消防员所具有的成就动机,就是为了能够安全高效地完成各类灭火和救援任务,为保护人民生命和财产安全作出贡献。这是消防员的职责所规定的。

消防员在消防救援队伍集体中接受的教育、培训可以促进成就动机的提升。领导者、管理者的表扬、鼓励可以促进成就动机的提升。和谐团结的消防员人际关系,有助于消防员成就动机的增强。经常参加竞赛类活动的消防员,

比较少参加竞赛类活动的消防员的成就动机强。消防员对工作难度的看法影响成绩动机。

消防员的成就动机,是可以充分利用的一把利剑,对于战胜火灾、赢得救援任务,具有非常重要的作用。管理者要善于将消防员的成就动机所引发的战斗力量聚集在一处,使其气势如虹,排山倒海。

(三)实现消防员的职业理想,促进平安和谐

消防救援队伍职业理想可分为三个层次,分别是政治性理想——"人民至上,生命至上",社会性理想——善于除险救难、保平安、促和谐,集体性理想——实现个人和队伍的融合发展。消防员要以高度的主人翁意识、高度的责任意识、高度的表率意识,把自己的思想和行为调整到为人民保平安、为人民解愁苦、为党分忧、为国化难的使命上来。

同时,应当看到,为了实现消防员的职业理想,不能只唱高调而无视职业的实际。消防救援队伍在体制、机制、管理等方面,还需要解决一些实际的问题。如解决消防员编制数量与面临的形势任务之间的不匹配的问题;解决管理模式僵化,难以充分调动人员积极性的问题;提高专业训练水平和实战能力的迫切需要的问题;解决因编制、身份等因素决定的待遇差别较大的问题。只有在一定程度上合理地解决这些实际问题,扫除队伍发展上的障碍,才能为消防员实现职业理想创造有利条件。

(四)加强消防员三观教育,激发英雄气概

三观(世界观、人生观、价值观)是一个人最为核心的心理品质,是判断是非、衡量价值、赋予意义、采取决定和付诸行动的原则和标准。在我国,消防员这个职业具有鲜明的中国特色,那就是党和人民对消防救援队伍提出的"对党忠诚、纪律严明、赴汤蹈火、竭诚为民"的要求。这就是消防员的价值观,也是消防救援队伍对党和人民的庄严承诺。可以概括为四字特征,就是红、正、刚、义。红,就是对党忠诚;正,就是纪律严明;刚,就是赴汤蹈火;义,就是竭诚为民。

因此,三观教育对于提升整个队伍的思想觉悟是必不可少且势在必行的。例如,通过以纪律作风建设为核心培养消防员有令则行、有禁则止的战斗作

风;通过信念宗旨教育使消防员养成无论遇到任何艰难困苦,甚至生命受到威胁时,都能毅然地以人民生命财产的安全为重,激发为党和人民的事业无私奉献的品质;通过引导消防员努力学习现代科技知识,立足本职,发挥才干,建功立业;通过引导消防员正确理解国家、集体和个人三者之间的关系,消除消防员受物质利益驱动引起的不平衡心理;通过开展革命英雄主义教育,使消防员了解队伍的光荣历史、光辉业绩和英雄事迹等,激发消防员的英雄主义精神;弘扬伟大的抗洪精神、抗震救灾精神,深化爱国主义、集体主义的教育,可不断塑造消防员崇高的理想信念、深厚的爱国主义热情、甘于奉献的集体主义精神。

(五)开展消防员心理素质训练,强化心理抗压能力

开展消防员心理素质训练,目的是消除慌乱、恐惧的情绪,培养沉着冷静、有勇有谋、坚韧不拔、灵活应变的心理品质。例如,通过在爆炸、倒塌、浓烟、高温、有毒、高空等条件下进行实训,提高消防员的胆量;通过重复完成单调的运动、劳动或训练,磨练抗心理疲劳的能力;通过在高温、高寒、饥渴状态下连续训练,磨练战胜困难的勇气和毅力;通过拟听建筑物倒塌前,设备、容器爆炸前和油罐(池)沸喷前的声音,了解建筑物倒塌、设备爆炸、油罐(池)沸喷的全过程,提高在有危险征兆时的观察能力;通过开展有一定高度、难度和危险性的高层训练,以及通过辨别物质燃烧时的火焰状态、颜色,燃烧产物的浓度等,提高反应能力;通过开展必要的模拟火场避险训练,掌握避难的有关知识,体验危险情景,增强沉着冷静和自制能力,提高在紧急情况下的避险能力。通过一系列训练,在实战中一次次寻求心理和生理可以耐受的极限,获取管理情绪、意志、行为等的综合能力。为顶得上、扛得住、敢打拼、善打赢的能力要求,塑造良好的心理抗压品质。

在开展消防员心理素质训练的同时,管理者一定要清楚,心理素质训练与消防员的心理健康维护并不是一回事。消防员在灭火和救援的当时或者随后,都可能会出现一些心理问题甚至心理障碍,如急性应激障碍、创伤后应激障碍、适应障碍等。这与消防员经常参加突发的、危险性高的、伤亡惨重的各类灾害的救援工作直接相关。一些消防员出现心理问题甚至心理障碍,是不可避免的。不同的消防员在应激反应上是有个体差异的。并不是消防员心理

素质不过硬,这是作为一个人在参与重大灾难救援时所必然发生的心理应激反应。消防员出现心理问题、心理障碍,及时接受心理治疗,也是能够康复的。因此,重视消防员的心理健康,就一定要有一支能够为消防员心理健康保驾护航的心理咨询师、心理治疗师。管理者不能一味地强调训练的重要性,还要从人本主义的角度出发,关心人、爱护人、送温暖、解忧虑。

(六)培养团队协作精神,发挥集体效能

要让消防员认识到自己是消防队伍中的一员,个人的活动受到集体行动的制约,同时又影响整体行动。救援任务的执行必须要一个团队紧密合作才能圆满完成。比如,在一场火警任务中,第一次出警的新消防员大多会紧张而兴奋,而有经验的老消防员就相对从容。这就需要以老带新。在火场外部灭火和掌控全局的人与主动进入危险区内攻以及转移危险物品的人员所承受的心理压力也是不同的,要与队友相互协作才能发挥最大的战斗效能。个人的活动与集体的活动互相影响,相互作用,密不可分。要通过日常生活、学习、训练、战评总结等活动,有意识地正确地培养消防员的集体感和荣誉感,引导和调动其积极性,养成和他们沟通交流的习惯,培育团结互助的协作精神和勇敢顽强的战斗作风。引导消防救援人员之间坦荡真诚地交流合作、彼此配合、互帮互助,放心地把后背交给战友。只有这样才能克服万难,完成好任务。

(七)营造和谐温馨的氛围,赞赏鼓励给人信心

消防队伍是一个充满生机的大家庭,各种工作的完成,离不开彼此的协作、互助、沟通与交流。消防救援人员的集体生活有利于打破内心的封闭,营造和谐温馨的生活氛围,塑造乐观开朗的心理氛围。在这样的集体中,性格内向的同志和抑郁质气质的同志就会主动融入集体。大家心中的郁闷能得以排解,压力能得以释放,紧张情绪能得到缓解,能避免各种心理疾病的滋生。

赞赏和鼓励能够给人信心,使人扬起生活的风帆,创造生命的奇迹。在繁重的工作和简单的生活中,一句赞赏的话语,一束期待的目光,一个温暖的言行就会激发消防员的上进心,促进消防员对工作的积极态度。在鼓励和赞赏下,消防员会增加自信,会探索自己的潜力,会使得前进更有动力。日常生活中,应宽容一些消防员的某些不违背原则的与众不同的思想和行为,包容一些

消防员出现的非原则性错误和失误。

所以,我们要营造一个和谐、温馨、积极、健康、友爱、向上、尊重、宽松、包容的工作和生活氛围。这有助于消防员优秀心理品质的稳定化、持久化。

(八)因材施教,量身设计,固强补缺

每个消防员都有自身的个性特点,气质有差别、性格有差异、能力有高低。为使消防员达到合格甚至优秀的标准,就要因材施教、量身设计、固强补缺,也就是为消防员设计适合其人格特点的培养计划和发展轨道,搭建多样化的实践锻炼平台,使之能够施展才干想法、展现个人价值、坚定成长信心。

管理者要根据消防员不同的人格特征,进行有针对性的培养。例如,对反应敏感、行动敏捷但性情急躁、粗枝大叶的消防员,应注意发挥他们在战斗中思维、行动敏捷,反应迅速的优势,着重培养其细心观察、多向思维的能力,防止简单急躁、盲目蛮干等情绪;对于感情有较大的适应性,反应迅速而灵活,但缺乏毅力、处事比较轻率的,要发挥他们适应性强、反应快的特点,侧重培养他们坚强的毅力和在困难条件下排除艰险的意志,防止草率从事;对于沉着冷静、动作迟缓、缺乏生气的消防员,在鼓励他们沉着应战的同时,可通过智能训练和适应性训练,重点培养其快速反应能力和对事物变化的敏感性;对于具有较好抑制能力和坚强的毅力,但较为呆板、反应迟钝,而且思想感情脆弱的,应发挥其自控能力和顽强精神,重在培养其灵活机动和快速的战斗作用,对其多鼓励,少指责,使其逐步发挥优势,弥补不足。

综上所述,消防员的良好人格的培塑是一项系统工程,也是一项艰巨的任务,更是一项迫切的工作,需要有顶层设计,需要上下理念一致,各层级相互配合,这样才能够取得预期的效果。随着队伍转制后体制机制的改革逐渐走向深入,同时伴随消防员招录来源多元化,队伍管理和发展要与时俱进,要结合实际,要具体问题具体分析,要不断调整队伍的适应能力,要不断提升队伍的作战能力,在一次次漫天大火、血雨腥风、危难艰险的考验中,为党和人民交出满意的答卷。

践行消防
职业融合

步入新时代以来，我国经济社会发展得到长足进步，随之而来的是经济发展过程中不可忽视的安全风险。针对错综复杂的安全形势，党中央适应时代发展的大需要，立足全局，眼光长远，决定成立国家综合性消防救援队伍。国家综合性消防救援队伍，承担着防范化解重大安全风险，保护人民生命财产安全的神圣职责与光荣使命。

国家综合性消防救援队伍脱胎于公安消防部队、武警森林部队。队伍精神谱系中既镌刻着这两支队伍中不断传承的军队红色基因，同时新时代、新职责、新使命赋予的火焰蓝红色基因也在谱系中越发耀眼。

作为新时代的应急消防救援人，我们需要以系统思维为出发点，探寻队伍历史发展、社会其他系统与消防体制关系，深入探寻队伍接连永续发展的必要条件，真正做到不负党和人民的时代重托。

一、从橄榄绿到火焰蓝

(一)回顾历史,践行初心,弘扬消防光荣传统

当寂静的城市传出呼啸的警报声时,当一辆辆红色战车奔驰在拥挤的人潮时,当一张张刚毅、严峻的脸上露出疲惫的笑容时,当我们的红色战车凯旋时,那是消防队员们最自豪的时刻。

有人这样形容我们消防员:"火一半、水一半、干一半、湿一半,是我们的工作;热一半、冷一半、风一半、雨一半,是我们的生活;饭吃了一半、头剃了一半、澡洗了一半、梦做了一半,是我们的作风;操场一半、火场一半、火神一半、死神一半,是我们的顽强。"这就是以行动对职责使命的一种诠释。

在新中国成立70多年的光辉历程中,特别是近年来,消防队伍坚定地履行自己的神圣职责,保卫了国家和人民群众的生命财产安全,培育出英勇顽强、不怕牺牲、一往无前的战斗作风,创造了光辉的业绩。

2008年5月12日,四川汶川发生里氏8.0级大地震。公安消防部队从全国抽调1.3万消防人员第一时间奔赴灾区,共抢救被埋压人员8100人,其中生还1701人,转移解救被困群众51730人,为夺取抗震救灾阶段性胜利作出了重大贡献。

2010年大连新港油库火灾,4200名消防人员,海陆空联合作战,坚守15个小时,大火被成功扑灭,创造了我国乃至世界火灾扑救史上的奇迹。

2012年东莞建晖纸业火灾,过火面积3万平方米。640多名消防人员、133辆消防车、2艘消防船,昼夜奋战60小时,将大火扑灭,成功保住19万多平方米的连体生产车间和20亿元的生产设备。

此外,在抗击南方冰冻雨雪灾害,北京奥运会、上海世博会、广州亚运会以及甘肃舟曲特大泥石流灾害事故救援和抗洪救灾等战斗中,消防系统历来都舍生忘死、冲锋在前、英勇善战,取得了一个又一个胜利,赢得了政府的褒奖和人民群众的赞誉。

回顾消防队伍所取得的光辉业绩,相信大家都能充分地感受到:这种荣光,来自我们以高度的自觉遵守国家法律、履职尽责,来自我们以高度的忠诚听从党的指挥、冲锋在前,来自我们以最宝贵的生命来维护人民的利益、舍生忘死。

(二)顺应新时代发展需要,全面深化消防体制改革

随着时代的发展和社会的进步,尤其是我国城市化进程的不断深入,消防管理工作中也出现了公民参与度不高、执法不规范等问题。2015年2月通过的《关于全面深化公安改革若干重大问题的框架意见》(以下简称《框架意见》)及相关改革方案明确把消防行政管理列入改革内容,由此在公安消防部队中拉开了全面深化改革的序幕。

全面深化消防体制改革,必须坚持发展中国特色社会主义,必须从体制、机制、制度等方面入手,通过提升治理能力现代化,规范警务和执法运行机制,进行全方位、全系统的改革,以提升人民群众的安全感、满意度,与全面深化改革相适应,消防救援工作也要紧密围绕建立服务型消防的大趋势进行自我革新。因此,要在全面深化改革中树立起消防救援管理工作的新常态,就必须进一步强化机遇意识和责任意识,坚持以问题为导向,通过提高管理能力、提升管理效能、规范执法活动,强力推动消防救援管理工作改革取得新实效。

全面深化消防改革,必须完善消防管理运行机制,提高人民群众的安全感,以开放的姿态,坚持消防管理工作的群众路线,吸纳社会力量健全三级管理机制,增加消防管理工作的透明度。只有把"政府统一领导、部门依法监管、单位全面负责、公民积极参与"的原则落实到消防管理工作中,才能明确各个消防安全主体的责任,整合分散于社会中的各方力量。

(三)践行训词精神,不负重托再前行

习近平总书记在国家综合性消防救援队伍授旗仪式上强调:对党忠诚、纪律严明、赴汤蹈火、竭诚为民,在人民群众最需要的时候冲锋在前,救民于水火,助民于危难,给人民以力量,为维护人民群众生命财产安全而英勇奋斗。

我们必须把"坚持党的绝对领导,增强'四个意识',坚定'四个自信',全面贯彻习近平新时代中国特色社会主义思想,坚定理想信念,坚决维护党中央权威和集中统一领导,坚决听从党的号令,永远做党和人民的忠诚卫士",作为我们的出发点。把"自觉把人民放在心中最高位置,把人民褒奖作为最高荣誉,在人民群众最需要的时候冲锋在前,救民于水火,助民于危难,给人民以力量,在服务人民中传递党和政府温暖,为维护人民群众生命财产安全而英勇奋斗"作为我们的落脚点。把"坚持纪律部队建设标准,弘扬光荣传统和优良作风,

严格教育、严格训练、严格管理、严格要求,服从命令、听从指挥,集中统一、步调一致,用铁的纪律打造铁的队伍。时刻听从党和人民召唤,保持枕戈待旦、快速反应的备战状态,练就科学高效、专业精准的过硬本领,发扬英勇顽强、不怕牺牲的战斗作风,刀山敢上,火海敢闯,召之即来,战之必胜",作为我们的着力点。

从来势汹汹的新冠疫情,到远超往年的汛情灾情,消防救援队伍战疫情、抗洪涝,救民于水火、助民于危难,彰显了新体制新队伍新优势。坚持靠前一步、主动出击,抓实内部疫情防控,积极参与涉疫勤务,服务保障重点场所,全力支持复工复产,受到通令嘉奖,湖北省委省政府2次致信感谢。坚持"力量跟着灾情走,救援抢在成灾前",组建专业队伍,预置前置力量,在抗洪抢险多线作战中做出重要贡献。坚持枕戈待旦、快速反应,打赢一场又一场硬仗,福建、山西、黑龙江、上海、浙江、湖南等总队成功处置"3·7"泉州欣佳酒店坍塌、"8·29"临汾饭店坍塌、"3·28"伊春鹿鸣矿业尾矿库泄漏、"7·22"浦东机场飞机火灾、"6·13"温岭槽罐车爆炸、"3·30"永兴火车侧翻等重大灾害事故。坚持转变理念、创新手段,积极探索疫情防控常态化条件下的安保新模式,北京、河北、上海、广西等总队出色完成了全国两会、北戴河暑期、上海进博会、广西东盟博览会等重大安保任务。面对一系列重大考验,充分展现了新的使命担当。

我们始终以训词精神为指引,坚持"五个不动摇",不折不扣抓好中央巡视整改,队伍建设持续向好。压实全面从严治党主体责任。坚持战斗力标准,依法从严管队治队,山东、黑龙江、江西、重庆、湖北等总队试点探索,队伍正规化建设新模式初具雏形。探索符合队伍特点的思想教育体系,实施文化育队战略工程,强化职业荣誉,营造争先氛围,涌现了"时代楷模"九江支队、"中国消防忠诚卫士"陈陆等典型支队和人物,200多个集体、300多名指战员受到省部级及以上表彰。同时,山西省政府吸取太原大火教训开展彩钢板综合整治;贵州集中查处假冒伪劣电气产品遏制"小火亡人";上海、重庆、甘肃等地将高层住宅消防治理纳入政府办实事工程;山西、江西、山东、广西、重庆、陕西开展大型综合体标准化管理;天津、河南、四川、云南、宁夏等地实施打通生命通道"一区一策"治理;辽宁、江苏、山东、广东和内蒙古、宁夏等地总队在"高低大化"灭火救援作战编成及技术攻关上先行先试;各训练总队加快职能转变,积极构建分级教育培训体系……一系列措施取得实效。总之,要始终做到脑子里永远有事业,肩膀上永远有责任,胸膛里永远有激情。

二、各方协调提升应急救援战斗力

(一)政府优越制度下的应急救援

1. 加强与监管部门的合作

这一部分我们采用案例分析的方式来探讨与监管部门的合作模式。

(1)"6·13"十堰燃气爆炸事故

2021年6月13日6时42分许,位于湖北省十堰市张湾区艳湖社区的集贸市场发生重大燃气爆炸事故,造成26人死亡,138人受伤,其中重伤37人,直接经济损失约5395.41万元。

9月30日,湖北省应急管理厅官方网站发布了《湖北省十堰市张湾区艳湖社区集贸市场"6·13"重大燃气爆炸事故调查报告》,事故调查组认定,这起重大燃气爆炸事故是一起重大生产安全责任事故。

6月14日,国务院安全生产委员会对该起重大事故查处实行挂牌督办,要求事故结案前,将事故调查报告报国务院安委会办公室审核同意后,由湖北省人民政府负责批复结案并向社会公布。

事故调查报告所汇总的此次事故的间接原因中提到,先后作为承担城镇燃气安全监管职责的住建部门、城管部门未认真履行监管职责。对属于特种设备的涉事故中压金属燃气管道,市场监管部门未依法履行监察职责。由此可以看出这起安全生产责任事故与住建部门、城管部门、市场监管部门存在间接关系。这就启发我们在未来针对燃气等危化品的储存运输和使用上,应该联合多部门共同发力,可以在联合执法巡查、加强信息共享、定期交流情况、共商处置预案、熟悉处置流程、组织综合演练等方面狠下功夫,真正做到从预防到处置全过程全要素严丝合缝不留漏洞。具体来看,则应向住建部门和城管部门动态了解掌握燃气管道线路布局以及管道安全状况、及时检查管道线路,防止出现各种原因导致的管道破损,避免燃气泄漏造成火灾爆炸等重大事故。应与市场监管部门加强市场巡查,共同查处纠治特种设备不合格的市场乱象,尽最大可能保证市场产品质量,从源头上把好安全关。

(2)"1.10"烟台金矿爆炸事故

2021年1月10日13时13分许，山东五彩龙投资有限公司栖霞市笏山金矿在基建施工过程中，回风井发生爆炸事故，造成22人被困。经全力救援，11人获救，10人死亡，1人失踪，直接经济损失6847.33万元。同时，山东省委、省政府成立事故调查组，邀请国内权威专家参加，同步开展事故调查工作。

根据事故调查报告，事故发生有政府及业务主管部门未认真依法履行安全监管职责等原因；公安部门未依法履行民用爆炸物品购买和运输安全监管等职责；应急管理部门履行非煤矿山安全生产监督检查职责不力、监督指导不力，工信部门履行对民用爆炸物品安全监管职责、监督指导等不力。该起事故中多数监管部门没有有效履行安全监管职责，因此我们在与监管部门的融合中，应更多地把工作重心放在事前预防上。消防部门可以在应急管理部门的指导下针对矿山安全生产进行联合检查，详细了解矿山安全情况，熟悉生产区域布局、地形地貌和生产道路，及时排查生产安全隐患。对于民用爆炸物品，消防部门可以向公安、工信部门掌握运输、储存、使用民用爆炸物品的相关单位，了解这些单位的地址位置、厂房构造、爆炸物数量等重要信息，并对信息进行动态更新。另外，消防部门还可以加强与矿山专业救援队的交流协作，矿山专业救援队，又称矿山救护队，是处理和抢救矿井火灾、矿山水灾、瓦斯与煤尘爆炸、瓦斯突出与喷出、火药爆破炮烟中毒等矿山灾害的职业性、技术性、军事化的专业队伍。矿山救护队的职业性在于经常处于战备状态，时刻保持高度警惕，严格管理，严格训练，常备不懈。他们平时下井熟悉巷道路线，检查消除隐患，并有不少于6人的当值小队执行昼夜值班，一接到事故通知警报后，要在1分钟内登车出动，专业服装及仪器装备均在车上。行进途中，队员在车内着装佩械，下车后可立即奔赴灾变现场。矿山救护队的技术性在于每个矿山救护队指战员必须熟悉矿井采掘、通风、机电各专业知识；熟练掌握急救、抢险、救人灭灾的技术知识；了解救护技术装备的性能、构造、维修、保养，并能熟练操作，排除故障；掌握各种救灾工艺技术，能在窒息区抢救时得心应手。与国家综合性消防救援队伍相比，矿山救护队在矿山救援上具有更多的优势和更专业的人员装备。因此，消防部门一是要加强与该队伍的沟通协调，在矿山事故上合理调动分配救援力量，二是可以与矿山救护队开展经常性的合作交流，拓展国家综合性消防救援队伍的矿山救援力量，增强矿山救援本领，为应对复杂情况积极准备。

2.加强与联动部门的合作

灾害事故发生时,公安部门总与消防部门一同到场,我们在继续保持联动的基础上,可以探索更深层次的融合,比如针对道路交通情况复杂,公安部门可以提前为消防车辆开道导航,及时清理道路障碍,保证消防力量第一时间到场,赢得救援时间。比如在事故始发阶段,公安部门可以及时封控现场,驱离无关人员,维持现场秩序,等候消防部门到场,避免救援行动受到干扰。

同时针对灾难救助后对伤者的治疗,可以与相应医疗卫生部门探索形成合作机制,畅通应急沟通渠道,保障获救者第一时间得到合理及时的医疗救助,确保整体救援行动的质量。

3.加强与基层组织的合作

这里提到的基层组织主要指村委会和居委会。消防部门可以委托村委会和居委会利用其熟悉社情的优势,广泛开展防火宣传和防火监督工作,真正做到防火知识深入到户,将防火工作落到实处,最大限度地保证居民生命财产安全。比如电动车进楼道、消防通道堵塞等老大难问题,村委会和居委会在执行监督方面有消防部门所没有的独特优势,能够做到随时监督,随时整改。

(二)社会群策合力下的应急救援

1.与民间救援力量的融合

改制之后,消防救援队伍职能使命更加艰巨,任务种类繁多,针对这种现状,我们不妨加强与民间救援力量的合作,将一部分危险性小、困难程度低的普通事故交由民间力量处置,这样既能保证消防救援力量合理分配,又能有效减轻基层负担。目前我国机构健全、体系完善、成立较早、影响较大的民间专业救援力量应该是北京蓝天志愿救援队。北京蓝天志愿救援队是中国民间专业、独立的纯公益紧急救援机构,成立于2007年,机构总部在北京。北京蓝天志愿救援队已在全国31个省份成立品牌授权的救援队,主要致力于协助政府应急体系展开防灾、减灾教育培训,参与各种灾害事故救援行动,减少灾害和事故造成的财产和生命损失。其成立以来参与了2007年以后中国所有大型灾害的救援工作。此外还有北极星救援队、浙江省公羊会公益救援促进会、绿野救援队、蓝豹救援队、中安救援队、深圳山地救援队、南北道无线电救援队等。从民间救援力量的数量和训练水平来看,与其进行广泛深度合作的设想是有可能实现和推广的。

2. 与公益组织(志愿者机构)的融合

在面临防疫消杀等一般性任务时,消防部门可以委托或者组织志愿者协会临时担负。另外在防火宣传方面也可以充分发挥志愿者协会的力量,广泛宣传防火逃生知识。另一方面,消防部门还可以与红十字会协商家庭困难消防员的问题,帮助他们解决后顾之忧。

三、新时代应急救援主力军的形成与发展

(一)"二合一"——两支队伍走上融合发展道路

2018年11月9日,中共中央总书记、国家主席、中央军委主席习近平向国家综合性消防救援队伍授旗并致训词,代表党中央向全体消防救援人员致以热烈的祝贺。自此消防救援力量已初具规模,任务中的相互配合逐渐凸显。

在此次改革中,为了更好地完善我国的消防救援队伍体系,提升其应对各类自然灾害和事故灾难的应急救援能力,消防队伍集体转制,成为综合性常备应急骨干力量,这是我国消防救援力量体系建设迈向职业化的关键性一步。随着国家综合性消防救援队伍的组建和《消防救援衔条例》等相关法规的颁布,国家层面的消防体制改革初步到位。

城市消防与森林消防两支消防救援力量的合并极大促进了综合救援力量的全域机动性。消防救援职能从以往聚焦于火灾防范与灭火扑救,拓展为既有火灾消防、灭火扑救,又有相关灾害和事故的人员搜救与抢险救援活动。森林消防职能也从承担森林火灾灭火,拓展为既有森林火灾灭火也有山岳地震救援和水域救援,更加体现了"综合应急救援"的特点。

(二)"提升应急救援能力"——消防体制的根本性改革

新组建的消防救援队伍实行分类管理,人员分为管理指挥人员、专业技术人员和消防员三大类,每一类分别设置不同的衔级,实行职级与衔级同步设

置。公安消防队伍和森林武警向职业化方向转变,意味着消防员正式告别"铁打营盘流水兵"的局面,以往长期困扰消防队伍的人员稳定性问题,例如之前消防部队人员流动性大,部分消防员两年服役期满便退役,年轻消防员积累不够和经验不足,缺乏经验丰富的消防专业教员等突出问题,将从制度上得到根本改观。既能够充分保留原先军事化管理体制下形成的纪律严明、作风优良、敢打硬仗、甘于奉献等"军事化"特征明显的惯性优势;又能够很好地适应当前我国经济社会快速发展对消防救援这一特殊公共服务产品所提出的新的更高要求。

(三)"我们是应急人"——两支队伍观念上的转变

森林消防队伍长期以来都是森林火灾的主力军,在此之前,更多的是把森林灭火作为一项职能而非本职工作。城市消防队伍在转制前后承担的任务从以往更注重消防职责,转向了消防加救援的综合职能。同时,森林消防队伍也在转制后逐步承担起水域救援和山岳地震救援两项工作。在消防救援队伍的核心职能发生重大转变,消防救援业务开始向综合化方向发展的大趋势下,两支队伍都有许多东西需要学习,职能的转变也能催生出消防救援队伍新的活力。相信在接下来的时间内,我们将看到消防救援队伍在践行防范化解重大安全风险、应对处理各类灾害事故上的实践努力。

(四)"注入新鲜血液"——社会青年的融入

在队伍转型升级的现阶段,队伍中救援力量锐减,在"全灾种,大应急"的时代背景之下,急需新鲜血液的注入。在这一阶段,做好社会青年的招录和培养以便尽快投入到灭火救援中是一项不可避免的任务。作为"准现役、准军事化"的一支队伍,在招录社会青年加入队伍的过程中所面临的问题,如政策解读、工作体制等都是要去应对的。可是更难的是如何让社会青年融入队伍。习近平总书记指出:"消防队伍作为同老百姓贴得最近、联系最紧的队伍,有警必出、闻警即动,奋战在人民群众最需要的地方,特别是在重大灾害事故面前,你们不畏艰险、冲锋在前,作出了突出贡献。"做好社会青年的教育和训练安全工作无疑是头等大事。特别是在训练安全上,尤其是要针对改革转制后几次重大火场错误问题及时做好教育引导工作。在日常训练上要突出"战斗力标准"，从严抓训练。做好社会青年思想建设同样是要落实的事项，如何从思想上让社会青年实现身份的转变，进而促进其他工作效率的提高也是值得思考的。相信在消防救援队伍人员的不断努力下，一定能够实现习近平总书记嘱托的防范化解重大安全风险，保护人民生命财产安全的历史任务。

四、新时代消防救援工作理念不断革新

改革转制以来，消防救援队伍知责奋进，"救民于水火，助民于危难，给人民以力量"的感人故事更加频密，"防"与"救"的责任链条衔接更加顺畅，对重大安全风险识别研判更加科学，服务群众的信心更加坚定、举措更加有力。

消防救援队伍成为应急救援主力军和国家队，面临从应对单一灾种向应对全灾种的转变。优化应急指挥体系，是履行"全灾种、大应急"职责的首要因素。提升专业救援能力，加快构建现代化消防作战体系，全面提升科学高效、专业精准的应急救援能力，是扛起"主力军、国家队"使命的关键。应急救援，时间效率就是生命。消防救援队伍狠抓应急响应能力建设，努力做到随时拉得出、冲得上、打得赢。专职消防、矿山救护、蓝天救援等力量纳入119统一指挥调度。"党委政府统一领导、消防救援队伍主战主调、应急救援力量密切协同"机制初步构建。

有严管，更有厚爱。在国家政府的重视关心下，结合本地实际，认真制订为指战员办实事计划，着力改善指战员工作、生活、医疗环境，帮助解决指战员家属就业、子女入学、困难救济等事关切身利益的问题，消除了改制转隶后指战员可能出现的后顾之忧。落实指战员休假制度，特别是在重大安保任务后应及时开展心理疏导和调休轮休，消除生理、心理上的疲劳，控制不良情绪传播和扩散，始终确保指战员身心健康，让指战员工作热情更加高涨。

消防安全，是经济和社会发展的基石。作为同群众贴得最近、联系最紧的队伍，消防救援队伍树牢"人民至上、生命至上"理念，始终将防范化解重大安全风险作为落脚点，牢牢稳住消防安全"基本盘"。面对"放管服"改革的新形势、新要求，消防救援队伍心系民安、情系民愿、服务民生，着力解决群众急难愁盼问题，不断提升人民群众的满意度，增强服务经济社会发展的能力。

除了线上看公益广告学消防知识，群众还可以线下到"实体店"参观学习。创新开展"文明实践+消防"工作，消防知识将融入文明实践中心、文明实践所

和文明实践站,群众在家门口就能感受到消防服务。推动建立消防志愿服务队,消防志愿者注册人数大大提升,极大地激发了全民参与消防的热情,有力夯实了群防群治基础。

本系统内、各系统间充分协调、融合发展,走出一条高质量发展新路子,在队伍发展过程中其路艰且远,但心之所向、身之所往,行则必至!

新时代标注发展方位,新征程擘画未来蓝图。消防救援始终以训词精神为引领,持续推进消防治理体系和治理能力现代化建设,进一步锤炼保护人民生命财产安全的本领,为描绘好新时代改革发展新画卷提供更加持久可靠的消防安全服务保障。

集体中的角色意识

角色意识是一个人在承担某种角色时,明确意识到自己正担负着的责任,意识到社会及他人对自己行为的期待,并决心努力用自己的行动去表现的一种自觉性。正值改革转隶期间的消防救援队伍,需要转型升级,而指战员在工作、家庭、社会中又扮演着多重角色,难免出现角色认知不准确、角色意识偏差等问题,这给消防救援队伍的改革创新带来了挑战。因此,增强指战员的角色意识,帮助他们找准自己的定位,不仅是促进指战员个人发展的有效助力,同时也是塑造过硬队伍的重要保障。

一、角色意识概说

(一)角色和角色意识

"角色"是指一套社会行为模式;角色是由人的社会地位和身份所决定,而非自定的;角色是符合社会期望(社会规范、责任、义务等)的,即一定社会身份所要求的一般行为方式及其内在的态度和价值观基础。"角色意识"则是指人们在承担某种角色时,明确意识到自己正担负着的责任,意识到社会及他人对自己行为的期待,并决心努力用自己的行动去表现。

我们一生下来,就被赋予了许多使命。于父母而言,我们是他们的孩子,我们承担着亲情枢纽的使命;于学校而言,我们是学生,我们承担着学习知识、传播知识的职责;于社会而言,我们是这一有序体制下的源源动力,为社会奉献自我。在消防救援队伍中也是一样,有指战员、有消防员,他们各自在集体中"扮演"着不同的角色,承担着不同的职责。因此,我们每一个人扮演着不同的角色,我们每一个人都应该有一种角色意识来引导我们。

"没有规矩,不成方圆。"角色意识从某种程度上来说,就是在一定范围内的一种约束自我的形态。树立角色意识,有利于更好地约束自我,当我们扮演某种角色时,需要角色意识去引导我们在自己的角色范围内,抓准自己的角色。然而,目前的消防救援队伍中,一些指战员不同程度地出现了角色认知不清楚,甚至没有角色意识的现象,主要体现在对工作热情不高,对自己的前途命运感到迷茫,没有自己的职业计划和规划等问题上,甚至萌生退出队伍的想法。这样必然导致队伍战斗力不足,也不够稳定,不利于消防指战员的身心健康发展,也阻碍了消防救援革新事业的进程。由此可见,树立角色意识非常重要,它能让我们更加清楚地知道自己是谁,我们需要做什么与不能做什么,这对我们自身发展、队伍发展大有裨益。

(二)运用社会心理学解释集体中的角色意识

社会心理学中的角色概念是从戏剧舞台用语中借用过来的,原意是指演员在戏剧舞台上依据剧本所扮演的某一特定的人物,他的一言一行都必须依据剧本的规定。20世纪初,美国著名的社会心理学家乔治·米德将角色概念引入社会心理学。关于角色概念的解释众说纷纭,但是总的来说,角色即是与某一特殊位置有关联的行为模式。所以,角色是社会期望与个体角色扮演能力的统一,亦是客观与主观的统一,这是角色的本质所在。

从个人在集体中的主体性意识以及个性化发展入手,可以将角色分为:

1.团体倡导角色。这类人爱好自主性强、体现个性的活动;积极倡导团体组建,激发团体动力,促进团体成员间的讨论与互动,他们在这种活动中寻求生动活泼的实践经验和雄心壮志的满足。

2.团体构建与维护角色。他们实现团体的构建,出于一种对活动的激情和热爱,参加、策划、组织活动,维护并推动团体的健康发展。

3.个人角色。即在团体中个人为了满足自己的需要,实现个别的目标而给自己设置的角色。他们之所以把自己的精力贡献给团体,有的是出于功利的目的,甚至为了实现自己的私欲等等。总而言之,他们参加团体活动的过程是一个寻求角色实现的过程。

正是由于这种角色丛与角色期望之间的互动产生了角色冲突。角色期望意味着个人所处的集体对他所期望的一组特殊行为。关于角色丛,罗伯特·K.墨顿在《角色丛:社会学理论中的问题》一文中指出:"我们说的角色丛的意思是指那些由于处于某一特定的社会地位中的人们中间所形成的各种角色关系的整体。"每一个人都有自己特定的角色丛,该角色丛中与之发生互动的角色伙伴对他都有一定的期待。正如大学生在高校这个模拟社会中,首先担任学生角色。德、智、体、美、劳全面发展,可以看作是对学生角色较全面的概括。我们的消防救援队伍也是如此,队伍中的指战员各司其职,在救援任务和平时的工作中担任不同的角色,承担不同的职责,在一个集体中相互影响、相互合作,目的就是更好地践行自己的初心和使命。职业角色的扮演者必须严格履行职责,排除个人感情因素的影响,掌握扮演这一职业角色的技能,成为团体所接受的职业人。

(三)角色意识偏差对消防救援队伍的影响

当指战员未能树立正确的角色意识,便有可能出现角色意识偏差的情况,即指战员对自身定位不准确,自身认知不清晰,对工作与生活的态度出现消极影响,不利于事业与个人的发展。一是角色意识淡化。指战员的角色意识是在队伍中对自我身份和行动准则的确认感,当角色意识淡化便会出现角色认知不清的状况,使得部分指战员不能很好地承担消防救援工作的角色责任,在学习态度、理想追求、政治信仰、道德观念、生活目标、人际关系等方面对自己的要求有所降低。二是角色意识冲突。主要表现为部分指战员缺乏职业素养与奉献思想，认为当今工作生活状态与理想不符，有事躲着走，造成外界期望与实际表现之间出现了较大差距。部分人员更是存在消极错误的思想认知，理想信念严重缺失，对消防救援工作产生否定意识。三是角色意识背离，部分指战员习惯于用普通群众的要求来规范自己的言论、行为，从根本上忘记了自己消防指战员的光荣身份，对待工作态度消极，严重的甚至出现以权谋私、贪污腐败的现象，严重损害了队伍形象和自身形象，对队伍发展产生恶劣影响。

二、增强消防指战员角色意识的意义

社会中的人们总是在不同的时段以不同的角色存在于各种各样的集体之中，他们努力地扮演好自身的多种角色来实现他们的人生意义。消防救援人员作为国家公职人员，又是社会上的少数群体，肩上扛的是如山的使命，身后是千千万万户老百姓的安居乐业，所以必须培养好工作中的角色意识，在人民群众最需要的时候，冲锋在前，救民于水火，助民于危难，给人民以力量；同时消防救援人员又是家庭里的孩子、丈夫或父亲，古人说"自古忠孝两难全"，但在当今快速发展的社会背景下，消防救援人员已经完全有条件找准工作与家庭的平衡点，从而自觉培养家庭角色意识，这不仅能够促进家庭和睦相处，幸福美满，更能让大家在工作上如虎添翼，更上一层楼；作为一支"对党忠诚、纪律严明、赴汤蹈火、竭诚为民"的队伍，消防救援队伍时刻听从党和人民的召唤，永远做党和人民的忠诚卫士，这就要求我们时刻保持清醒的党员角色意识，努力提高自身党性修养，坚决成为党领导下的一支过硬队伍。

（一）有利于为队伍培养高素质专业人才

紧贴队伍"全灾种、大应急"任务要求，加速实现应急救援队伍现代化，进而为实现中华民族伟大复兴保驾护航，不仅包括救援装备的现代化发展，还包括救援理论、人才建设、后勤保障等多方面的现代化发展。其中，培养一大批现代化条件下新兴应急人才对队伍现代化建设至关重要。广大消防学员是消防救援队伍未来的尖端指挥和管理人才，因此，要加大培养学员的指战员意识,保证学员树立良好的政治意识、大局意识、核心意识、看齐意识,引导学员在学习和训练上面向现代化、面向未来,把握我国应急救援发展的总趋势,以高度的民族责任意识、使命意识、忧患意识,以顽强的毅力和优良的作风投入到院校的历练中,充分挖掘自身的创新精神、大局意识、竞争意识,解放思想,大胆创新。只有这样,才能引导学员争做我国未来应急救援的探索者和领路人,确保队伍稳定度过改革期,为切实提高队伍防范化解重大安全风险、应对处置各类灾害事故的能力,为最终实现队伍成功转型升级提供人才支撑。

(二)有利于找准工作与家庭的平衡点

消防救援队伍实行24小时值班备勤制度,虽说基层指战员较过去来说与家人相处的时间已经多了不少,但是大部分指战员休假回家都没有真正将自己的工作角色转换为孩子、丈夫或父亲的角色。这种现象是导致指战员与家人产生矛盾的根本原因。现在夫妻双方共同就业已成社会普遍现象,以双生涯家庭(双生涯家庭:夫妻双方各有一份全职工作,彼此对工作都是有一定的承诺与投入,而非仅为了薪水工作的家庭。)为例,他们的工作家庭面临多方面问题:

第一,对于双职工或双生涯家庭而言,尤其是对消防指战员家庭来说,夫妻双方既需要相互体谅、彼此支持来实现工作家庭促进,另一方面却因时间精力有限的问题,使得夫妻双方难以同时满足多重角色的叠加需求。

第二,双生涯家庭双方都对工作抱有较高的心理承诺和预期,特别是消防指战员这一方,由于工作性质的原因,对于事业的追求比普通人更加强烈,相应地造成了更多的工作对于家庭生活的冲突,包括工作时间侵占家庭生活时间、工作压力溢入家庭生活,由此也产生了诸如时间分配、情绪管理、家务分工、孩子照顾、父母赡养等直接问题。

第三,事业对于双生涯家庭而言,并不只是营造物质基础的手段,更是一种精神层次的自我实现和满足。当夫妻为了家庭需要暂缓、搁置甚至放弃事业时,内心会产生挣扎和痛苦的情绪。夫妻二人的事业发展和共同的家庭责任在冲突情境下的权衡和抉择更显艰难。这是双生涯家庭在平衡事业与家庭时面临的内在问题。

针对以上问题,消防指战员要学会运用"角色管理"的方式灵活调整角色行为。首先,在家庭层面,夫妻双方要进行角色定位和分工,明确各自对家庭所承担的主要责任，在双方投入工作的同时维护好家庭利益。采取"扬长避短"的方式，结合实际将夫妻角色定位为"男外女内"，即丈夫工作性质原因，主要负责家庭经济来源，妻子主要负责经营家庭生活以及家庭内部事务。同时，夫妻双方共同承担家庭责任，做好角色的灵活补位，在一方难以照顾家庭时由另一方自觉及时补足，避免因双方都投入工作而偏废家庭。其次，在个体层面，夫妻各自做好角色转换和角色排序。从横向维度来看，个体在工作领域和家庭领域进行角色转换时，应适时调整角色行为，区别扮演不同领域的角色表现，减少两个领域之间的消极溢出和干扰。夫妻双方都需要努力做到不将工作中的压力带入并影响家庭生活。从纵向维度来看，夫妻根据事业和家庭的不同阶段和周期，进行多角色的优先排序，以发展的眼光调整不同时段的角色重心和方向。

综上，双生涯家庭夫妻双方要平衡工作与家庭的关系，包括丈夫、妻子、孩子在内的核心家庭，父母所在的原生家庭。工作组织和社会服务等内外部环境之间相互连通渗透，意味各个环境中的多种资源可以给双生涯家庭有利的资源支持，缓解夫妻双方的多重角色压力。不同来源资源的作用效力不同，其中双生涯家庭之间相互理解、协调、支持是维持工作家庭平衡最为重要的方式。在核心家庭中，夫妻双方的角色行为并非固定不变而是处于互动协调的状态，即夫妻双方需根据事业发展和家庭生活的不同期望、需求和阶段，灵活管理角色行为，动态规划角色重心，更好地找准工作与家庭的平衡点。

（三）有利于永葆对党忠诚这一政治灵魂

党的十八大以来，习近平总书记从党的性质宗旨和历史现实教训出发，反复强调对党忠诚问题。2014年5月，习近平总书记同中央办公厅各单位班子成员和干部职工代表座谈时，曾引用诸葛亮《兵要》中的一句"人之忠也，犹鱼之有渊，鱼失水则死，人失忠则凶"来说明党员干部对党忠诚的极端重要性。作为党一手缔造的新时代的消防救援队伍，培养救援人员的角色意识，同时也是培养党员干部的角色意识，是我们更好地成为党和人民的"守夜人"的前提条件和关键所在。要始终牢记我们最重要的角色就是党员干部这一角色，无论是公安消防部队时期的"对党忠诚、服务人民、执法公正、纪律严明"，武警部队时期的"听党指挥、能打胜仗、作风优良"，还是新时代应急管理系统的"对党忠诚、纪律严明、赴汤蹈火、竭诚为民"，党员干部的第一要务都离不开"对党忠诚"这一最根本性的政治灵魂。要清醒地认识党员干部的职责就是为人民服务。

但在现实运行中,包括结合上面谈到的家庭和工作方面的影响,消防救援队伍中的党员干部往往要面对公共利益、现实需求、个人角色间的冲突。当多重角色发生矛盾和冲突时,即在不同角色要求下难以协调和统一时,需要党员干部进行明确判断和正确把握:个人角色必须服从于社会角色,具体岗位角色必须服从于抽象政治角色,高定位、严要求、担责任。对于一名党员干部来说,应该及时了解、分析队伍内党员干部的思想状况,把党性修养教育与党员干部的角色特点和成长需求结合起来,有目的地做教育引导工作。同时激发党员干部自身的内在动力机制,既要从党的需要出发,也要从党员干部的自我需要出发,还应该与队伍实际有机结合起来,最大限度地激发党员干部信仰的内在动力,引导他们正确认识和对待自我价值实现与党和人民事业发展的关系。

我们每一位党员干部都必须真正做到"讲政治",切实提高自身的政治能力。勇于担当、敢于负责不仅体现在日常工作中。消防救援队伍长期以来面对的都是危难当头、人命关天的灾害事故与急难救援,这是最能考验我们党员干部是否具备能担当、敢担当能力的时候,是最能考验党员干部为民宗旨意识树得牢不牢的时候。消防救援队伍中的党员干部来自于人民,也要服务于人民。必须牢固树立全心全意为人民服务的思想,一切言论和行动,都必须自觉以中国最广大人民群众的根本利益为出发点和归宿。没有全心全意为人民服务思想的党员干部,不是真正的共产党员,当然也不可能有很强的党员角色意识。增强党员角色意识,坚持不懈地提高党员素质是坚持党领导和掌握消防救援队伍的必要条件,也是以改革创新精神全面推进新时代党的建设新的伟大工程和发挥党员干部先进性的必然要求。我们党已经走过了100多年的光辉历程,历史选择了中国共产党,人民选择了中国共产党。因此,每一个党员干部都应有强烈的党员角色意识,充分认识到历史和人民赋予我们党的崇高而又艰巨的使命,充分认识到自己作为党员所肩负的重担,这样,才能永葆对党忠诚这一政治灵魂。

三、消防指战员角色意识的强化

（一）准确定位，增强角色自我认知

作为新时代的新型的国家综合性消防救援队，各级消防指战员承担着防范化解重大安全风险，应急处置各类灾害事故的重要职责，为维护人民的生命财产安全不懈奋斗着。如今，许多基层指战员的角色信念缺失、角色意识出现偏差，又值队伍改制转隶时期，其个人的自我意识会出现不同程度的淡化，出现"混、等、靠"的思想，主要体现在没有树立正确的职业观，缺少对自我的认知和职业的荣誉感方面。激活指战员的角色意识，能够让指战员提高对工作的认同感与荣誉感，在工作任务中更好地履职尽责，完成使命。

一是要注重对消防指战员进行思想政治教育。让他们清楚认识到：我们的队伍是一支具有光荣传统的队伍，是一支忠实践行为民服务的队伍，也是一支党领导下的极具荣誉感的队伍。2018年11月9日，习近平总书记向国家综合性消防救援队伍授旗并致训词时指出："长期以来，消防队伍作为同老百姓贴得最近、联系最紧的队伍，有警必出、闻警即动，奋战在人民群众最需要的地方，特别是在重大灾害事故面前，你们不畏艰险、冲锋在前，作出了突出贡献。"充分肯定了我们消防救援队伍的成绩和地位，是维护人民生命财产安全的国家队主力军。只有让指战员树立职业荣誉感，他们才会真正热爱这份职业，增强自我的角色认知，找准自己的定位，不遗余力地立足本职岗位，履职尽责。

二是要带领指战员熟悉各项规章制度，解决他们的实际问题。部分消防指战员产生离开队伍、工作懈怠的原因，就是不了解真实的情况和政策。现如今，对消防指战员的各项政策规定都已出台，要适时开展好他们的学习教育。新入职的消防指战员在入队前就应该组织认真学习，真正了解作为消防救援人员应该履行的职责和享有的权利；随队伍改制转隶的消防指战员，可以通过各级组织开展的学习，真正弄懂相关的政策规定。同时，在了解完后，对于消防指战员的实际困难和问题，应该及时进行疏导，并且将解决实际问题落到实处，不能仅停留在口头上，寒了同志们的心。特别要帮助指战员处理好家庭与工作的关系，帮助他们不仅"扮演"好工作中的角色，还"扮演"好家庭中的角色。除此之外，指战员的婚恋问题和生活问题也不容忽视，只有当指战员的实际问题得以解决，他们才能安心工作，对队伍的前景充满信心。

三是既要表扬鼓励先进、学习先进，又要建立完整奖惩机制。我们是一支

光荣的有着优良传统的队伍,对于队伍内的英雄模范,要积极宣传,适时地对指战员开展教育。可以通过上思想政治教育课、参观当地红色教育基地、撰写心得体会等多种方式,让指战员进一步了解英雄模范,激励他们向先进看齐、向先进学习。对于自己中队(或站)内的优秀模范,也要进行表扬奖励,形成"比、学、赶、帮、超"的良好氛围。同时,对于思想消极懈怠、缺乏角色意识的指战员,首先要积极地疏导他们,如若仍存在不遵守规章制度、不服从管理的人员,一定要制定完善的管理和奖惩机制,杜绝出现破坏队伍环境、影响队伍战斗力的现象。对于犯错误、不遵守规定的指战员,也要给予一定的惩罚,一视同仁,才能让指战员树立良好的纪律观念,有清晰的角色意识。

(二)激发潜能,提高个人能力素质

在社会生活和工作中,往往一个人的能力素质高低直接关系到其能否胜任工作岗位,能否切实有效履行个人职责。联系消防救援队伍实际,切实加强指战员业务素质,练就过硬真本领,也是必不可少的。当今,我们的队伍要满足新的任务标准,坚持全灾种、大应急职能定位,提升火灾防范和扑救处置能力,全面增强业务素质,提升灭火作战与抢险救援技能本领便是提升队伍战斗力的绝对保证。我们要激发广大指战员刻苦锻炼,真正把增强自身本领作为努力方向。

一是要增强指战员的学习能力和创新能力。首先,要积极倡导、鼓励指战员培养热爱学习、主动学习的习惯和态度,激励他们在干好本职工作,在工作训练之余,培养自己的兴趣爱好,在拓宽自己的视野和知识的同时,训练他们的动手能力和思考能力,营造良好向上的学习氛围,拒绝单调乏味的生活。其次,我们的消防救援队伍正处于发展革新的新阶段,培养指战员的创新思维和创新能力必定能够推动队伍发展的进程。现如今,新入职的消防员越来越年轻,他们的思维也越来越开阔,我们应该鼓励新老消防员在思维和想法上进行碰撞,创造出新的东西,并且把一些新的方式方法运用到日常工作当中,以此为消防救援队伍改革转型的工作带来积极的推动作用。

二是要提升指战员的专业能力。作为国家综合性消防救援队伍中的一员,想要救民于水火,助民于危难,给人民以力量,就需要有过硬的专业能力。面对重大安全风险、各类灾害事故,只有扎实的专业能力最可靠。对于指战员,在做好队伍管理、统筹总体工作的同时,还应该加强身体技能的锻炼,掌握

各类灾害事故的特点,加强技战术的学习和研究,以在指挥灭火救援作战的时候,沉着冷静,下达正确的命令,圆满完成任务。而对于消防员,日常的体能训练是必不可少的,只有强健的身体素质,才能为实施救援打下最坚实的基础。在专业技能方面,应针对各自的岗位职能提升个人自身素质:驾驶员,就应该熟悉掌握车辆性能,做好日常维护保养;通信员,就应该熟悉掌握各项通信器材装备,做好救援过程中的连接沟通工作;装备技师,就应该熟悉掌握整个消防救援中队(或消防救援站)的器材装备,做好器材装备的维护保养。并且还应该鼓励指战员参加各种专业技能培训,培养技术人才,把他们培养成队里的小教员,把学习到的知识技能教授给更多的人。

三是要加强指战员的心理调控能力。消防救援这一职业,从事的是高危的应急救援工作,本就是高负荷、高压力、高风险的,对指战员的身心健康有着极其重大的影响,同时也对消防指战员的心理调控能力有十分高的要求。第一,应该建立完善消防指战员心理训练的体制机制,开设一些心理疏导、教育方面的组织机构。完备的训练体制机制,可以帮助消防指战员通过平时的模拟训练,提升一定的承受能力和团队协作能力,更好地适应救援实战过程中出现的情况;并且可以通过心理教育疏导的平台去对消防指战员的心理状况进行评估、干预,及时发现问题,避免留下心理创伤。第二,应该在指战员救援前和救援后,分别对他们进行讲授和疏导。在指战员入队之前,或是在日常的生活训练中,组织他们进行理论性的学习,让他们了解一定的心理学知识,并且懂得如何在应激状态中调整、放松自己的心理状态。当然,救援之后也应该对指战员的心理状况进行了解和掌握,评估他们的状态,当出现问题时做到及时干预和解决,帮助他们更好地调整好自己,从而以更加健康的状态投入到下一次的救援任务中。

(三)立足现实,制订职业未来规划

职业生涯作为人一生中至关重要的一环,是一个人一生中所承担职务并且一直持续的历程,它的好坏必将影响整个生命历程。"职业生涯的发展直接影响了个人心理、婚姻、子女教育、父母养老等问题",也是心理学家们普遍认同的观点。因此,做好消防指战员的职业生涯规划是十分必要的。

首先,要掌握指战员的个人性格和兴趣爱好。每个人的性格各有不同,同时也有自己擅长的领域和方向。消防救援队伍的职责职能涉及生活中的方方

面面,无论是驾驶员、战斗员、通信员或装备技师,所需要的才能和优势各不相同,只有把消防指战员的个人优势加以合理开发和利用,将他们的理想目标和职业有机结合起来,才能够让他们在不同的岗位上放光发热。所以在确定职业规划时,第一步就是帮助指战员认清自己的特点与长处,选择一个自己擅长的领域,或是最感兴趣的领域,在此基础上结合队伍实际情况确定未来的方向,并制订切实可行的计划。

其次,在指战员追求自己的目标的过程中,必定会出现或多或少的挫折和障碍,这时就需要帮助指战员列出阻碍他们实现职业目标的障碍,并且引导和帮助他们找到解决问题的方法及途径,战胜困难。同时,帮助指战员正确认识自己所处的位置以及目标的实际性也是很重要的。只有指战员学会客观地评估自己所处的位置,才能知道自己该从哪里开始,离总目标还有多远,然后将总目标切分为小目标,适时调整自己的目标和计划,就能分阶段、有计划地实现职业目标。

(四)加强协作,提升整体工作效率

虽然一直强调角色意识在消防救援工作和任务中的重要性,每个岗位的成员都应该干自己的本职工作,但是一个运转良好的团队,想要高效率、高标准地工作,必定离不开各部门、各人员之间的有效协作。没有完美的人,但有完美的团队,所以把每个角色有机组合会产生更大的整体效益,这样的道理在消防救援队伍中也同样适用。在执行灭火救援任务中,只有战斗、供水班组和指挥员协作配合,才能够圆满完成任务。因此,在日常的操课训练中,在对消防员专业技能进行提升的同时,也要对各个小组之间的配合协调能力进行训练和引导。在日常活动中可以通过一些团建休闲的游戏,既达到放松指战员身心的目的,又达到培养指战员之间彼此信任依赖的目的。只要增强队员之间的默契程度,就可以通过团队的合作,通过组织的力量来使每一位队员发挥出他最大的优势和力量,从而提升组织的整体效能。

(五)积极引导,培养塑造党的队伍

习近平总书记在十八届中央政治局第一次集体学习时指出:"没有理想信念,理想信念不坚定,精神上就会'缺钙',就会得'软骨病'。"理想信念是共产

党人的政治灵魂,也是对共产党人初心的本质要求,保持对党的忠诚不仅仅是入党誓词里的铮铮誓言,还是衡量理想信念是否坚定的"刻度尺"。作为党领导下的消防救援队伍,消防指战员要把坚定理想信念当作终身课题常修常炼,从对马克思主义的信仰和对共产主义的信念当中凝练出对党忠诚、纪律严明、赴汤蹈火、竭诚为民的意识,筑牢理想信念之基,以更高的标准和姿态书写赶考答卷,赓续党的百年荣光。消防指战员要把理想信念当作自己的一面旗帜,以坚定的理想信念砥砺对党的赤诚忠心,有警必出、闻警即动,奋战在人民群众最需要的地方,特别是在重大灾害事故面前,不畏艰险、冲锋在前,力争作出突出的贡献。同时,还应该把纪律挺在前面,把规矩立在前面,不断加强纪律教育、规矩约束,让党的纪律规矩转化为指战员的日常习惯和行为自觉。对苗头性、倾向性问题和轻微危机问题及时预警、及早提醒和纠正,防止小错误演变成大问题。做到始终敬畏纪律、敬畏法律,增强政治定力,筑牢不敢腐、不能腐、不想腐的思想堤坝,确保全面从严治党落到实处。对此,主要领导干部要发挥好表率作用,既要带头遵纪守规,又要敢抓敢管,敢于"唱黑脸"。只有树立崇高的理想信念,把全面从严治党落实到实处,队伍才会有信仰、有纪律、有力量,指战员就会时刻对自己的角色有准确的认识和定位。

消防集体凝聚力的生成

人是一切社会关系的总和,这种关系决定了人必须在集体中生存和发展,也决定了伟大的事业必须通过集体的力量才能实现。消防救援队伍是写满铁血荣光的英雄队伍,在维护人民群众生命财产安全、维护社会稳定中肩负着最危险和艰巨的任务,团队的凝聚度决定着消防救援队伍的生死存亡。本篇通过对集体凝聚力产生因素的分析,研究不同因素对集体凝聚力的影响,根据消防救援队伍的实际,探索提升消防救援队伍集体凝聚力的方式方法。

一、集体凝聚力概述

(一)集体与群体的关系

集体,是一种组织形式团体,具拥有一定的活动范围,共同的经济基础、思想基础、政治目的和共同的社会利益。集体是群体的子集,集体包含于群体之中。从人类历史的发展来看,群体是从部落的一部分家庭产生的,但是,并非任何群体都是集体,只有具有高度团结、高水平的整合能力、有集体主义倾向并且有高度组织能力的群体才能称为集体。集体是群体的一种,是群体发展的高级阶段。

(二)集体凝聚力的内涵

"千人同心,则得千人之力;万人异心,则无一人可用。"意思是指,如果一千个人同心同德,就可以发挥超过一千人的力量,可是,如果一万个人离心离德,恐怕连一个人的力量也比不上。这种能够使千人同心同德的力量就是集体凝聚力。集体凝聚力是把集体所有的成员联系在一起的纽带,它包含了集体对成员的吸引力,也包含了成员对于集体的向心力,更包含了成员和成员之间的相互作用和相互影响。当集体目标方向、组织形态、行业精神、社会位置等适合成员,集体内部成员利益一致、荣辱与共、关系融洽,则集体对成员的吸引力就大,更容易形成集体凝聚力。集体的凝聚力表现为团队成员对团队强烈的归属感和一体性,每个成员都强烈感受到自己是集体中的一分子,真正地将个人目标和集体目标联系在一起,对集体的业绩表现出荣辱感。

(三)集体凝聚力的作用

集体的凝聚力是集体建设的基础和支撑力的源泉,对集体工作效果起着至关重要的作用。一根筷子易折断,十根抱团力量强,高凝聚力能够带来无穷的力量,是彰显集体力量的关键所在。在集体中想要形成高凝聚力,一致的目标、积极的氛围、合理的分工、强烈的归属认同、科学的制度以及管理的能力是必不可少的要素。

二、集体凝聚力的生成要素

(一)目标一致

集体的目标要具有一致性,这也是形成集体凝聚力的前提条件。如果集体目标与个体目标是一致的,那么个体就会被集体所吸引,并且一致的目标任务的实现依赖每个成员的共同努力和密切协作,成员需要在行为、情绪和心理上与其他成员融为一体,形成合力。也只有通过全体成员的讨论和认可,才能让每一个成员都把这种行动和规划看作是自己为自己制订的,完成要我干到我要干的转变,这也是集体目标向凝聚力转化的第一步,是建立集体凝聚力的重要因素。

(二)氛围积极

集体总是与外界环境不断地发生着交互作用,积极、和谐、进取的氛围必然会对集体凝聚力的增强起到正面的促进作用,有凝聚力的集体一定是充满活力的。如集体间的合理竞争会增强集体凝聚力,当集体之间开展竞争时,各自的内部就会产生压力和威胁,迫使所有的成员自觉地团结起来,减少内部分歧,能够忠于自己的集体,维护集体的利益,一致对外,以避免自己的集体受挫、受损。这样,集体成员间的关系就变得密切起来,大家同舟共济,共赴使命,集体的凝聚力也就得以提高与加强。

(三)合理分工

一个集体目标的完成,需要各成员一起分担配合。一个集体如果没有团结协作的能力,这个团队也只能是一盘散沙。因此合理分工是集体凝聚力形成的重要因素。团队成员由于个人经历、兴趣爱好、业务素养、专业技能等方面存在差异,每个人都有最适合自己的定位。集体的分工应该是将每个人安放在最适合的位置,每个人职责明确,这样才能够最大限度地发挥各自的聪明才智,让成员特点互补,进退一致,让集体没有短板。在一致的目标和合理分工的基础上,成员之间保持高度的团结统一,在思想上合心,在实践中合力,从而形成相互尊重、相互信任、相互支持、相互理解的良好氛围。这样,集体才能有条不紊地正常运转。缺乏明确合理的分工,集体内部一盘散沙、张冠李戴、越俎代庖,什么事都抢着干或者什么事都没人干,将给团队造成效率低下、管理无方的混乱场面。

(四)归属认同

一个高效率、有战斗力、发展良好的集体内部必然是和谐融洽的,成员对集体有强烈的归属感,成员把集体当成家,把自己的前途和集体的命运联系在一起,在处理个人利益和集体利益的关系时,能够采取集体利益优先的原则,个人服从团体,共存共荣,成员之间在工作上互相协同、互相包容、互相沟通、利益共享,这能够让成员享受集体生活,全身心投入到集体事务中,尽职尽责。有了归属感,成员才能对集体产生认同感,具有使命感和成就感,才能以集体的发展为荣,才能从内心产生强烈的责任感,进行自我约束和自我激励。只有在这样的氛围中,集体才易形成较强的凝聚力。

(五)科学制度

集体中的成员是社会人,有独立的思考和创造能力,因此不同的奖惩制度对成员产生的吸引力也有所不同。奖惩制度方面,首先要保证制度的公开性、公平性和透明性,应该充分肯定每个成员的进步和成绩,让成员始终有为集体作出贡献的自豪感和成就感。当然,每个成员也应该享有与之相匹配的物质奖励和精神奖励,同时,集体也应给予成员发展空间,提供学习和锻炼的机会。在公平、公正的制度建立后,要想使集体形成较强的凝聚力,其工作流程需要公开、透明,使各项工作和具体过程在阳光下运行。集体运行的公开透明,可以大大增加集体的诚信度和互相信任度,让疑惑、谣言止于公开,避免内部疑惑丛生,四分五裂。

(六)管理能力

火车跑得快,全靠车头带。管理者的管理水平对集体力量的发挥影响重大。一个优秀的管理者必须能够起到引领广大同志一起进步的作用。因此不仅管理者自身需要勤奋好学、素质高,而且必须有乐于帮助他人、服务他人的精神,有与他人交流、影响他人行为的能力。以自己优良的品行、优秀的身体素质、广泛的知识储备、温和的交谈方式、良好的业务基础来影响周围同志共同进步,从小处着手、以点带面,以良好的表率作用潜移默化地引领其他同志,不断提升集体的凝聚力。

三、集体凝聚力的影响因素

(一)团队发展的阶段

高效的团队中,团队成员依托于对同一个任务目标的追求,在不同阶段领导者的领导下开展工作,并由此确定高效团队的构成表现出三个特征,即共同目标、工作相处愉快和高品质的结果。以这三个特征为依据,可将团队成员的类型分为力量型、完美型、活泼型、和平型,将一个团队的建构分为四个阶段,包括形成阶段、磨合阶段、正常运作阶段、高效运作阶段。四个阶段中团队构建发展的实际情况不同,其凝聚力强弱也不同。

(二)是否成功完成目标

假如一个集体出色地完成了集体的预定目标,卓越地完成了预期的任务,那么这种完成目标和任务的成功就会增强集体的凝聚力,使得成员间的感情和交流更密切,增加成员间的喜悦感、荣誉感、自豪感和归属感。相反,没有完成任务、目标的喜悦,集体的凝聚力则会大大降低。

(三)集体成员之间的文化相似性

在集体的成员之间,民族、文化背景、兴趣爱好、动机、价值观和人生观等方面越是相同或相似,集体凝聚力就会越高。影响集体凝聚力最大的因素是集体成员在价值观、态度和文化方面的相似性。价值观、态度和文化的相似性会增加成员之间的相互吸引,从而增强凝聚力。

(四)集体的领导方式和角色投入

领导方式对集体凝聚力来说是非常重要的。不同类型的集体要采用不同的领导方式,领导方式的不同也会对集体的凝聚力产生不同的影响。民主型领导方式的集体成员之间更融洽和活跃,情感更浓厚。领导的角色投入也是影响集体凝聚力的重要因素之一。在集体中,杰出的领导角色扮演和投入是增强集体凝聚力的有益补充,也是集体凝聚力形成的关键。

(五)外部环境的竞争和压力的影响

当集体遇到外部环境的压力时,当与其他集体竞争时,都会使集体成员齐心合力和同舟共济,改善内部协调和沟通交流,从而产生凝聚力,使集体在竞争中获胜,也使集体凝聚力在压力和竞争中获得提高和加强。

四、消防队伍集体凝聚力的打造提升

一部消防史,就是一部写满铁血荣光的豪迈英雄史。回首征程数十载,一代又一代消防儿女浴火而生、奋勇前行,用忠诚与坚守履行神圣职责。在实践中奏响感天动地的时代赞歌,用热血和担当在践行历史使命的伟大征程上谱写气壮山河的辉煌篇章。消防救援队伍是维护人民群众生命财产安全、维护社会稳定的基本保障,消防救援团队作为消防救援队伍中最为基础的实施单位,肩负着最危险和最艰巨的任务,永远在应急救援任务的第一线发挥着极其重要的作用。一旦团队内部没有高度凝聚力,对消防救援队伍将是毁灭性的灾难。所以,提升集体凝聚力对消防救援队伍极其重要。

(一)消防救援队伍集体凝聚力的表现

消防救援队伍集体凝聚力是指消防指战员对其集体的向心力以及消防指战员之间的相互吸引力和亲和力,是衡量消防救援队伍战斗力的重要质量指标之一。增强消防救援队伍集体凝聚力,对于加强消防救援队伍基层基础建设无疑具有极为深远的现实意义。

基层消防救援队伍集体凝聚力主要表现在以下几个方面:一是组织内部领导行为及领导方式。领导班子之间的团结,干部率先垂范,都有利于消防救援队伍集体凝聚力的提高。二是消防救援队伍的士气。消防救援队伍士气和集体凝聚力是相辅相成的,士气高,集体凝聚力就强,士气低,则集体凝聚力弱。

(二)如何提升消防救援队伍集体凝聚力

1.加强理论学习,把握思想方向

一是强化政治学习,不断提高理论水平。围绕预防和扑救工作,结合队员的思想实际,围绕"理论学习要务实"的宗旨,有计划、有步骤地开展政治理论学习活动。通过集中教育、党史学习教育、主题教育、经常性思想教育和学习心得交流会等行之有效的方式,不断提高队伍的综合素质,保证队伍战斗力的方向性。

二是"牢记领袖训词,永做忠诚卫士"。组建国家综合性消防救援队伍,是党中央适应国家治理体系和治理能力现代化作出的战略决策,是立足我国国情和灾害事故特点、构建新时代国家应急救援体系的重要举措,对提高防灾减灾救灾能力、维护社会公共安全、保护人民生命财产安全具有重大意义。任务艰巨,使命光荣。对党忠诚、纪律严明、赴汤蹈火、竭诚为民,在人民群众最需要的时候冲锋在前,救民于水火,助民于危难,给人民以力量,为维护人民群众生命财产安全而英勇奋斗。训词的要求是消防救援队伍赴汤蹈火的重要行动指南,训词的精神是消防救援队伍集体凝聚力生成的强大内在动力。

三是弘扬集体主义精神,消防救援队伍必须紧紧同人民站在一起。集体主义是一切以人民利益为根本出发点的大公无私的思想,是马克思主义对无产阶级为本阶级整体利益英勇献身精神的概括,是无产阶级成员处理个人与阶级关系的理论总结。在社会主义社会,集体主义精神也是无产阶级和广大劳动人民处理个人与集体关系的基本准则,集体主义思想是同社会主义制度紧密联系的,它既是我们的基本道德原则,也是我国社会应特别弘扬的重要的价值导向。消防救援队伍赴汤蹈火、竭诚为民,是集体主义精神最鲜活、最真实的体现。

2.进行科学管理,提升作战水平

科学管理能够不断提高队伍作战能力。一是抓制度,完善队伍规范性管理。建设一支专业化的消防救援队伍,规范的制度、严明的纪律、过硬的素质是关键。要系统抓、长期抓指战员的体技能训练、日常行为规划,只有用"两严两准"的标准去严格要求指战员,才会凝聚队伍,进一步发挥出队伍的战斗力。二是完善组织建设,建立健全职能机构。要通过完善管理机构,健全规章制度,强化业务训练、业务培训和思想教育。制订每月考核制度,对指战员进行合理的奖惩,做到行动有组织、工作有落实、效果有评价。三是落实责任,确保防火工作有条不紊。采取多种形式开展消防监督检查活动,提高全员消防安全意识。重点对大站大库、易燃易爆场所、工业动火现场、文化活动场所等重点场所开展火险隐患排查和跟踪整治,消除不安全因素。四是抓培训,增强队伍专业性素质。根据消防救援队伍"点多、线长、分散、不易集中"的实际,探索和尝试利用互联网开展主题教育、理论培训和自主学习等,通过网络建立指战员自主学习、终身学习、持续提高的平台。五是完善演习机制。组织实地战术演练,提升协同作战能力。积极开展各类应急训练,依据预案开展演练,通过演练完善预案,切实提高指战员各项业务素质。改进训练模式,增强战斗能力。

3.提高干部素质,加强管理水平

首先,要提升消防救援队伍干部水平,尤其是中队指导员能力素质。这需要长期在基层从事思想政治教育的指导员自觉发挥主动性和创造性,积极开展工作,提高队伍凝聚力。另一方面,支队可根据实际情况,合理输入政治工作骨干力量,把高素质的政工干部充实到基层消防救援队伍中去,解决基层实际问题。

其次,要树立领先意识,培养超前能力。作为管理者,要处处有超人一等的领先意识,把事情做在前。不仅要能快速熟悉工作,还要能立足本职,根据团队的特点和实际情况进行有效工作。打好提前量,无论是缺乏工作经验的新成员,还是经验丰富的老成员,都要培养他们的超前能力,做好准备工作,做到问题清楚,任务明确。

4.用心用情关爱,营造良好氛围

首先,管理的核心是关爱而不是对抗。每个人都有各自的特点,作为管理者,能以科学而有效的方法把握每名同志的心理,因势利导地促进同志们共同发展,对打造一个具有凝聚力和生命力的集体起决定性作用。做好每名同志思想工作,正确地进行心理疏导,培养健康的心理和健全的人格是具有凝聚力和生命力的集体的先决条件。俗话说"一把钥匙开一把锁",每名同志的素质、才能、知识、个性和兴趣等都是有差异的。每一名同志对某一具体问题、具体事物也有着不同的看法,这就要求管理者要深入同志们中间,与他们交朋友,熟悉他们的情况,及时了解存在的问题,区别不同的对象,选择不同的形式,因人因时因地地做思想工作,了解他们的心理,做到"一把钥匙开一把锁"。

其次,树立以人为本的思想。管理者要针对不同人员采取不同的方法,区别对待;针对不同的教育内容,与消防员思想上的难点、疑点、热点和敏感等问题开展交流,要听取消防员的呼声,为消防员排难解疑,促进消防员积极向上发展,营造良好成长进步氛围。要切实关心消防队员成长,细心入微地做好消防员的思想工作,善于小中见大,通过观察了解他们的言行,准确掌握他们的思想脉搏,及时发现问题,有针对性地做好工作,确保思想不出问题。

最后,关注消防员合理需求,根据需要采取妥善办法,进一步增强消防队伍待遇,满足消防员日益增长的物质和文化需要,同时对无法满足的合理需要,要通过思想教育提高消防员的思想认识,帮助其准确自我定位,树立全局观念。

5.加强奖惩机制,公平公正公开

首先要保证制度的公开性、公平性和透明性,并充分肯定每名成员的进步和成绩,同时匹配相应的物质奖励和精神奖励。消防队伍可以根据自身情况,灵活运用多种激励方法,以达到激励效果,最终提高队员的荣誉感、使命感,使其有"遇第一就争,见红旗就扛"的精神。

6.增强流程透明,增强团结信任

在公平、公正的制度建立后,其工作流程需要公开、透明。集体中的成员要进一步加强自身的修养和素质,共同完善集体运行的规则和机制,提升和加强集体内部监督的强度。

7.加强宣传报道,增强职业荣誉

一方面,通过开展消防宣传教育活动,不断提高群众防火意识,增强群众安全意识。利用"119"宣传日等重点阶段、重点时期进行消防宣传,普及消防安全知识,可采取悬挂横幅、张贴宣传挂图、发放宣传资料等多种形式开展宣传教育培训。另一方面,消防救援事业是充满光明和希望,守卫人民幸福安康的职业,通过宣传消防救援队伍的英勇事迹,能够增强社会对消防救援队伍的认同感，从而增强消防救援人员的获得感、荣誉感和幸福感，促进消防救援队伍的集体凝聚力和战斗力的提升。

五、结语

集体凝聚力是把集体所有的成员联系在一起的纽带和黏合剂，没有凝聚力，集体就是一盘散沙，团队也将不复存在。目标一致、氛围积极、合理分工、归属认同、科学制度、管理能力是集体凝聚力的生成要素。团队发展阶段、团队目标是否达成成员之间的文化相似性、集体的领导方式和角色投入、外部环境等因素都将影响集体凝聚力的强弱。

消防救援队伍是人民群众生命财产安全和社会稳定的守护者。消防救援队伍集体凝聚力是衡量消防救援队伍战斗力的重要质量指标之一。通过加强思想引导、提升干部管理水平、完善体制机制等方式增强消防救援队伍集体凝聚力，对于加强消防救援队伍高效执行任务具有较强现实意义和指导意义。

唤活集体
英雄主义

英雄创造历史,时势造就英雄,时代呼唤英雄。我们每个人对于新时代的英雄观都会有自己的认识。因为,我们的身边,从来就不缺英雄:"抗疫英雄""航天英雄""缉毒英雄""抗洪英雄""无名英雄"……实在不胜枚举。需要强调的是,我们要始终铭记英雄,崇尚英雄,还要学习英雄,努力使自己成为新时代的英雄!

一、英雄与英雄主义

(一)何为英雄

"英雄"是一个光彩夺目、让人肃然起敬的词语,是文学中永恒的且历久弥新的主题,是生活中常见的而又不可多得的让人崇拜的出类拔萃的"超人"。"聪明秀出,谓之英;胆力过人,谓之雄。"什么是英雄?才能勇武过人的人,具有英勇品质的人,为人民利益而英勇奋斗、令人敬佩的人。简单地说,英雄就是非凡出众的人物,是见解、才能超群出众或领导群众的人。

英雄创造历史,时势造就英雄,时代呼唤英雄。我们每个人对于新时代的英雄观都会有自己的认识。因为,我们的身边,从来就不缺英雄,"抗疫英雄""航天英雄""缉毒英雄""抗洪英雄""无名英雄"……不胜枚举。需要强调的是,我们要始终铭记英雄,崇尚英雄,还要学习英雄,努力使自己成为我们这个时代的英雄。

罗曼·罗兰说:"世界上只有一种真正的英雄主义,就是认清了生活的真相后还依然热爱它。"不同的人有不同的世界观和价值观。一个人活着,就应该真正地热爱生活,积极地为着自己内心的信念去奋斗。

(二)英雄的价值

英雄是时代的标杆,他们用自己的事迹丰富着民族精神的内涵。古有精忠报国的岳飞、虎门销烟的林则徐,今有革命战争年代的黄继光、邱少云,建设发展时期的王进喜、焦裕禄,再到经济腾飞年代的宋月才、姜开斌。英雄不计其数。他们用自己的事迹激励着每一个时代的民众。英雄的事迹值得每一个人了解,英雄的精神值得每一个人学习。

英雄是时代的动力,他们用自己的力量推动着民族前进。英雄的事迹传达着英雄的力量,他们矢志不渝、忠诚爱国、敬业奉献,这些可贵的品质是民族前进最宝贵的财富。英雄的力量值得每一个人铭记,铭记他们无私的付出、无悔的奉献,从而激励自我,让自己在平凡的岗位上做出不平凡的成绩。

英雄是时代的养料,他们用自己的力量滋养着民族的繁荣。英雄的事迹、英雄的力量传达着英雄的精神,他们的职业操守、道德品质、理想信念,都是今天我们最应该继承和发扬的。全面建成小康社会的目标已经完成,伟大的中国梦还需要矢志不渝的奋斗,而英雄的精神带给我们勇气、带给我们力量、带给我们希望,让我们勇敢地去攻克前进路上的一道道难关,走上复兴的坦途。

英雄用自己的身躯和精神构筑起了中华民族不屈的脊梁。熠熠生辉的英雄必将成为我们前行路上的灯塔,照亮我们前行的道路。我们要尊重英雄,铭记英雄的力量,传承英雄的精神,争做时代的脊梁。为了中华民族伟大复兴,勇挑重担,义无反顾,坚定不移。

(三)英雄主义

英雄主义是指主动为完成具有重大意义的任务而表现出来的英勇、顽强和自我牺牲的气概和行为。

英雄主义分为个人英雄主义和革命英雄主义。个人英雄主义,是指脱离人民群众,迷信个人力量而去完成某种社会任务的英雄主义思想和行为,与革命英雄主义相对。它以个人主义为原则,夸大或不适当地强调个人在社会生活和历史活动中的作用,否认人民群众的力量和智慧。表现为好图虚名,自以为是,居功自傲;往往违反革命纪律,犯自由主义和无政府主义错误。革命英雄主义,通常指无产阶级的英雄主义。革命者为了革命利益和革命理想敢于斗争、不怕困难、勇于自我牺牲的思想和行为。与个人英雄主义相对。代表无产阶级和人民群众的根本利益,故又称"群众英雄主义"。这是一对政治概念,前者突出的是个人,后者强调的是集体。我们这里讲的英雄主义,实际指的就是革命英雄主义。

要深刻理解革命英雄主义,实际上是要从本质上认识到集体与个人的关系。个人是集体中的个人,集体是由个人组成的。抛开个人谈集体是空中楼阁,抛开集体谈个人是水中望月。因此,要肯定个人的价值但不能过度,过度了则倒向个人主义;要维护集体的利益而不过分,过分了则倒向集权主义。

正确合理地处理集体利益与个人利益的关系,不妨品味一下"功成不必在我"和"功成必定有我"两句话。这两句话必须联系起来解读,是一个整体,不可割裂。这两句话,既有共同点,也有侧重点。共同点是,一是都在追求"功成",这是目标。二是都有"我之参与"。"我之参与"是"功成"的必要条件,而非充分条件。就是说作为一个集体中的个体来说,少一个"我之参与"并不必然导致"功成",而同时去掉了一个"我之参与",虽然"功"未必"不成",但是失去了一个"我之参与",就是失去了一分力量、一分信心、一分智慧。因此,这两句话本质上是表达了"集体与个人"关系。

在实践中,一个集体少了一两个人,可能并不影响"功成"的结果。但如果是少了一两个关键人物,就很可能影响"功成"的结果。在理论上,一个集体少了一个人或者多了一个人,就不是原来的集体,也不是原来的系统,那么必定会影响"功成"的结果。

因此,这两句话是站在集体的角度和立场上说的。"功成不必在我",是说个体的力量是有限的,应聚集多个个体的力量成为整体,才有可能成功。"功成必定有我",是说个体的力量不可或缺,不缺少每一个个体的力量,才有可能不失败。这里面存在着一种辩证思维的认识过程。即要认识到个体是有能力的,但是能力是有限的,同时有限的能力是不可或缺。这是一个否定之否定的认识过程。结果是,接受并肯定个体具备有限的能力。而扩大有限的能力的办法,就是把个体聚合起来形成集体,对集体通过思想、政治、心理教育等手段统一认识,通过体能、技能训练提升集体的专业能力。

这样的表达,还表现出某种精神、态度和情感。"不必在我",表达了个体甘于奉献、勇于奉献的精神和豁达通透、不计名利的品质;"必定有我",表达了个体的自主感、责任感、自豪感、荣誉感。

要以"功成不必在我"的精神境界和"功成必定有我"的历史担当,保持历史耐心,发扬钉钉子精神,一张蓝图绘到底,一任接着一任干。这为广大党员干部干事创业进一步指明了方向。出"功成"之力,而不求"功成"之誉,是中国共产党人的鲜明品格。

"平沙莽莽黄入天,英雄埋名五十年;剑河风急云片阔,将军金甲夜不脱。"这是对一位致力研究52年,扎根大漠,默默奉献的老人的最真实写照,他就是林俊德院士。他是一名院士,更是一名用信念撑起生命尊严的军人,他将自己拥有的时光都献给了岗位,向目标冲锋。他以志殉国,铸就中华民族的铜墙铁壁;他至死攻坚,绽放死亡之海的倔强马兰。这位倔强的老人,直到闭上眼睛的前一秒仍在工作,他对老伴说:"我不能躺下,躺下就起不来了。"是什么支撑着他与死神争夺时间?是崇高的理想、坚定的信念和博大的情怀。我们党之所以能建立丰功伟业,正是因为有无数像林俊德一样的共产党人不为一己之名、一己之利、一己之荣地付出和牺牲。新时代新征程,我们党践行"为中国人民谋幸福,为中华民族谋复兴"的初心和使命,仍然需要广大共产党员无私奉献、甘当无名英雄。"功成"虽然不必在我手中,但其中有我的奋斗、我的心血汗水——每一名共产党员都应有这样的境界和担当。

二、消防救援队伍中的英雄主义

消防救援队伍的英雄主义一方面是指在灭火与抢险救援任务中,为维护人民生命财产安全,不畏艰险、不怕牺牲、英勇顽强、勇往直前的战斗精神。另一方面,也体现在日常工作、管理、生活中的点点滴滴、方方面面。值得我们深入挖掘和研究。

(一)消防救援队伍的发展需要集体英雄主义

消防救援队伍的发展确实与队伍的英雄人物的贡献有着密不可分的关系,但是消防救援队伍的整体发展向来是以领导干部掌舵,英雄模范当先锋,其余广大消防指战员团结一心做推手而来的。各类急难险重任务的圆满完成也是依赖以小组为单位的集体实现的,因此消防救援队伍的发展需要积极发扬和推广集体英雄主义,使每个个体建立以集体为荣、以集体行动、以集体立功的思想信念。

(二)为适应当前严峻的任务形势需要集体英雄主义

当前,火灾事故的多发性和抢险救援任务的艰巨性,伴随着现代化城市的建设日显突出。要想在火灾扑救和抢险救援的战斗中所向披靡、战无不胜,就必须具有决不被困难所屈服的集体英雄主义,具有战胜一切艰难险阻而不被困难所吓倒的顽强意志。消防指战员作为灭火救援工作的主力军,随时面对血与火、生与死的考验,消防队伍的战斗力来源于全体指战员同心协力,这就需要充分发挥指战员的主观能动性,让指战员发扬集体英雄主义,充分发挥队伍战斗力。

(三)不断提高战斗力需要集体英雄主义

近年来,中国消防救援队伍充分践行训词精神,以四句话方针为指导,以提高战斗力为最高目标。改制转隶后消防救援队伍中的队员来源广而杂,大多是独生子,娇生惯养,吃苦耐劳精神不够,是国家栋梁但奉献意识不足,是青年才俊但牺牲精神不强。他们的心理素质、身体素质与新时期救援消防队伍大应急、大救援标准不完全适应。我们要以集体英雄主义来引导他们转换思想,继承和发扬吃苦耐劳、不畏艰险的精神。

(四)做好经常性思想工作需要集体英雄主义

随着消防救援任务的愈加艰巨繁重,消防救援队伍建设将会遇到许多新情况,队伍指战员面临着新的考验,集体英雄主义的培养在队伍建设中的地位和作用更加突出。尤其在当前消防救援队伍人员少、任务重的情况下,要真正教育好、培养好、发挥好消防指战员的战斗力,就必须紧紧抓住集体英雄主义这个重点不放松。队伍要坚持不懈地抓好基层经常性思想政治教育工作,对党忠诚、对人民负责,在训练中认真投入,在战斗中坚守阵地。

(五)个人英雄主义向集体英雄主义的转化

在消防救援队伍中,如果出现个人英雄主义,则会阻碍队伍凝聚力、战斗力的提升。例如,部分消防员如果依仗自己能力强、业务素质好,就把自己当成无所不能的英雄,无视规章制度,不听指挥,不仅不利于灭火救援战斗以及抢险救援战斗,反而会使救援情况更加复杂,导致队员与队员之间的合作出现问题,影响队伍的整体目标和行动。队伍的领导者,如果一味在上级领导者面前表现自己,什么事情都亲力亲为,导致基层队员对其产生依赖心理,将会使整个基层队伍的战斗力因长期得不到锻炼而受到削弱。

因此,消防救援队伍应积极地对消防员做好引导教育工作,要及时引导个别人想利用机会建功立业、做出成绩的个人英雄主义向集体英雄主义转化。"一花独放不是春,万紫千红春满园。"最大限度鼓励全体队员为了集体荣誉感、价值感、成就感,认真对待每次的救援任务,力争圆满完成。

将个人英雄主义转化为集体英雄主义,一是要将每个个体的集体荣誉感唤醒。消防救援队伍的产生,从根本上讲是人民的需求、党的嘱托,承担救民于水火、助民于危难的责任,任务艰巨、责任重大。二是要淡化个人英雄主义。强调集体主义精神,崇尚集体英雄主义。让这个集体充满生机与活力,让万千的个人力量汇聚成为庞大的集体英雄主义。三是要切实提高个人的思想觉悟,按照需求导向进行正确引导。要将自己视为集体的一部分,使自身融入集体中去,与集体共利益、共存亡。

新时代新征程,我们党始终践行"为中国人民谋幸福,为中华民族谋复兴"

的初心和使命,需要广大共产党员无私奉献,甘当无名英雄。"功成"虽然不必在我手中,其中却有我的执着、我的奋斗、我的心血汗水。要始终明白唤醒集体英雄主义不是一蹴而就的事,需要久久为功的耐力。我们面对改革带来的阵痛、面对转型带来的压力,背负党和人民寄予的殷切希望,要以鲜血、汗水和钢铁般的意志,无所畏惧地迈向我们心中的未来。以"功成必定有我"的集体主义精神为中华民族伟大复兴保驾护航。

消防救援高效团队的构成

随着时代的进步，在术业有专攻的基础上，社会当中个人的力量开始弱化，许多生产任务都不是单靠个人的努力可以完成的，而是要依靠他人的协作、配合、帮助和支持才能够完成，这就是团队合作。而对消防救援队伍来说，一个高效的团队构成尤为重要，针对团队构成进行深入研究，才能使每个指战员的作用得到尽可能的发挥，使应急救援各个任务过程之间衔接更加顺畅，成员作战更加协同，最终达到维护好人民群众生命财产安全，实现消防救援队伍的崇高职业理想的宏伟目标。那么什么是高效团队？组建高效团队的意义在哪里？如何分析高效团队的构成？本篇将从心理学角度，围绕高效团队的概念、消防救援高效团队构成的意义、高效消防救援团队的优化构成分析进行研究。

一、高效团队的概念

如何理解高效团队？首先要明晰团队与群体的区别。群体是指人们聚集在一起形成的松散的社会结构。通常它并不必然有内部结构，也不一定有特殊的目标，规模不定。而团体中的人，会互相影响、互相依赖，为了完成特定的目标而有结构地结合在一起并按一定规则行事，也就是团队合作。

团队合作包括横向合作和纵向合作，横向合作表现为部门之间的合作，每一个部门都要承担相应的任务，为了完成总任务，必须将其分解为若干相对独立又相互联系的子任务，并将其分派或委任给相应的部门来完成。纵向合作表现为上下环节的合作衔接，一项任务在完成过程中总会分成几个阶段，每个阶段的任务由相应的人去完成，所有阶段的任务都完成了，整个任务才能完成。

高效团队则是从团队的基础上发展而来的，其发展目标清晰，工作效率相对于一般团队更高。团队成员在有效的领导下相互信任、沟通良好、积极协同工作。高效团队构造的意义也就在于促进团队合作在具体的工作任务中发挥最大效能、达到最大生产力。因此，近现代以来，研究高效团队的构成一直是心理学领域极为重要的课题，其中主要包括组织行为心理学和社会心理学。

（一）从组织行为心理学角度分析

组织行为心理学是研究一定组织内活动的个体和群体行为的科学。组织行为心理学认为，在高效的团队中团队成员依托于对同一个任务目标的追求，在不同阶段领导者领导下开展工作，并由此确定高效团队的构成表现出三个特征，即共同目标、工作相处愉快和高品质的结果。以这三个特征为依据，将团队成员的类型分为力量型、完美型、活泼型、和平型，将一个团队的建构分为四个阶段，包括形成阶段、磨合阶段、正常运作阶段、高效运作阶段。

1.高效团队建构阶段

（1）形成阶段

该阶段团队特点表现为谨慎，队员之间陌生、有礼貌，行为矜持、存有戒心，对团队中的其他成员抱有较高的期望和期待。组织行为心理学认为处于本阶段的团队需要领导者运用指挥性行为和支持性行为推动初建的团队尽快运作。

(2)磨合阶段

该阶段特点表现为在个人能力水平相互认知的基础上,队员之间逐渐熟悉,相处容易;开始出现意见分歧;对团队及其成员的期望与形成阶段开始不同;对领导者存在抵制与不服。组织行为心理学认为处于本阶段的团队首先需要领导者健全组织制度体系,其次需要转变工作方式,以维护领导者权威和引导团队成员发现自身不足。

(3)正常运作阶段

该阶段特点表现为形成了共同的目标;拥有完备的规章制度和正当的仪式程序;团队成员能够畅所欲言地表达自身意见;发生分歧,能够讨论、克服并统一。组织行为心理学认为处于本阶段的团队领导者将充当"教练员"的角色,进一步促进团队形成良好的工作氛围和团队文化,充分发挥团队成员才能,上下沟通流畅,求同存异。

(4)高效运作阶段

该阶段特点表现为快捷高效工作;成员之间形成了良好的合作关系,拥有必要的信任基础;对执行过程和执行目标存在高质量的追求。组织行为心理学认为本阶段的领导者从行为上要少指挥、少支持;从决定权上要基本下放,只把握大的战略方向;从沟通上要加强双向沟通;要减少监督。此阶段的团队凝聚力极高。

2.组织行为心理学上高效团队的特征

从组织行为心理学角度看,任何一个高效的团队都是由基础的团队发展而来,不是一蹴而就的,其势必会经历分分合合的曲折过程。可以总结出组织行为心理学上高效团队特征如下:一是目标明晰,永不放弃,强化目标教育;二是相互尊重,相互信任,建立团队基础;三是人尽其才,系统整合,健全人才培养机制;四是有效沟通,善解冲突,畅通沟通渠道;五是了解人性,正确激励,完善激励措施;六是内外部的支持,建设保障体系。

(二)从社会心理学角度分析

社会心理学是研究个体和群体在社会相互作用中的心理和行为发生及变化规律的科学。社会心理学认为,团体内每个成员都在团体内占有一定的地位,扮演一定的角色,执行一定的任务。团体内各成员之间必须具有一定的结构,有共同的目标。一个良好的团体应该具有四个心理学上的原则,即目标整合原则、志趣相投原则、心理相容原则和智能互补原则。

1. 良好团队的构成原则

(1)目标整合原则

社会心理学将整体、个体、目标统一起来,保持一致,称为目标整合。目标整合原则存在两方面内容,一是总目标应该包括和满足个体的需要与愿望,使个体目标在团体内得以实现;二是各个个体目标必须与整体目标一致或者趋向于统一,发生矛盾时,应以整体利益为重。个人目标与整体目标通常还存在四种类型,包括双趋冲突型、双避冲突型、趋避冲突型、多重趋避冲突型。

(2)志趣相投原则

志趣相投是指团体成员在动机、理想、志向、信念、兴趣、爱好等方面基本一致。上述品质是个人行为的内在动力和个人积极性的源泉。志趣相投有以下两方面的作用:一是共同的志趣可以保证成员们有相似的态度,步调一致、协作互助;二是共同的志趣可以保证成员们获得最大的心理满足。

(3)心理相容原则

心理相容是指团队中成员与成员、成员和团体、领导和群众、领导之间的相互吸引、和睦相处、相互尊重、相互信任以及相互支持。心理相容有以下两个方面的作用:一是心理相容是团体团结的心理基础,也是实现团体目标的重要保证;二是心理相容可以为创造性活动提供积极乐观的心理气氛,使成员保持良好的心境,有利于发挥人们的主观能动作用。

团体心理相容还与许多心理因素有关:一是成员在理想、信念、目标等方面的一致性;二是成员的政治修养、道德品质也影响着人与人之间心理上的相容;三是成员的性格、气质等对心理相容也有影响。

(4)智能互补原则

智能互补是指团队系统整合成员各自的优势,弥补个体的不足,发挥整体的正向作用。智能互补需要考虑两个方面的内容:一是智能互补使团队高效运行的基础是必须要求成员性格互补、专业知识互补、优势资源互补;二是人员不是越多越好,保持"异质性"是维持团体稳定和高效的关键。

2.社会心理学上高效团队的特征

虽然心理学上普遍认为团体与团队是存在区别的。盖兹贝克与史密斯曾评论过,并非所有的团体都是团队,他们指出,团队与团体基本的差异在于团队成员是对其是否完成团队的共同目标一起承担成败责任,成则分享利益,败则分担责任,而团体则不同。沙勒斯等人则认为团队与团体的差别,在于团队队员彼此交换工作信息与资源和协调工作活动,并进一步强调团队队员的相互依存性是区别团队与团体的主要因素。但是并不是说社会心理学中关于良好团体的观点就不适用于高效团队,从盖兹贝克与史密斯、沙勒斯的观点可知,团队与团体的主要区别在于个体目标与集体目标是否趋向于集中统一,所以社会心理学上关于良好团体的观点同样适用于高效团队。社会心理学上高效团队的特征总结如下:一是团队个人对团队具有归属感、认同感和从团队获得支持;二是团队目标趋向于统一,个人目标在团队目标中实现;三是团队与团队、团队与成员以及成员与成员之间步调一致,协调融洽;四是高效的团队具有良好的团队氛围,成员能力"齿轮"式互补,恰到好处。

(三)不同心理学视角高效团队的共同特征

通过对组织行为心理学与社会心理学观点的分析,能够发现二者对于高效团队的意见存在异同点,但整体观点趋于一致,能够将其共同特征归纳为五个方面,包括清晰的目标、建立组织制度体系、建立团队信任基础、合理人员配置、健全保障体系。这些特征为接下来研究分析消防救援高效团队的构成提供了理论基础。

二、消防救援高效团队构成的意义

高效的协作本来应该是消防救援团队最基本的要求,但是在现实中却难以完全做到,传统的消防救援团队协作就是如此。下面将从优化消防救援高效团队构成的意义与消防救援高效团队协作的现状两方面对此进行讨论。

(一)优化消防救援高效团队构成的意义

消防救援队伍是维护人民群众生命财产安全、维护社会稳定的基本保障,消防救援团队作为消防救援队伍中最为基础的实施单位,肩负着最危险和艰巨的任务,永远在应急救援任务的第一线发挥着极其重要的作用。一旦团队内部出现总量不足、结构不优、职责不清的情况,对消防救援队伍将是毁灭性的灾难。所以,优化消防救援团队构成,提升团队战斗力以满足经济社会快速发展对消防工作提出的现实需求具有极端重要性。

(二)消防救援高效团队协作的现状

随着经济发展和社会活动的加剧,灾害事故呈现多样性、复杂性、综合性的特点,对消防救援队伍的正规化、职业化、专业化水平提出了更高的要求。消防转制后,继承自武警时期传统消防救援团队的协同体系建设和作战人员编成已经远远不能满足"全灾种、大应急"的职业化要求。在新时期的任务处置过程中,比以往更加细化的任务分工和阶段性任务目标迅速暴露出了原有建构的缺点,包括人员数量不足、人员配比不均、职能重叠模糊等问题。这将导致消防指战员执行各项任务时充满着不确定性,成功的应急救援任务处置经验也无法在另一个任务中得到复现,甚至于增加消防指战员在任务中出现伤亡的可能性,使消防救援团队任务效率一直徘徊于较低水平。因此,优化解决系统建构中出现的组织体系设置、职责范围界定和人员角色分配问题才是提升消防救援团队作业效率的关键,具有十分重要的意义。

三、消防救援团队的优化构成分析

马克思主义哲学认为,事物的内容是指构成事物的一切要素的总和,世界不是既成事物的集合体,而是过程的集合体。这对于正确认识消防救援高效团队的构成是极为重要的,依据组织行为心理学与社会心理学的理论,可将消防救援高效团队的构成要素概括为目标、人员、定位、职权和计划。以下具体以基层消防站重构为例,从要素出发对优化消防救援高效团队构成进行研究分析。

（一）基本情况

基层消防救援站是消防救援队伍的主体，是一个团队，更是所有灭火救援任务的具体实施者，因此，队伍能否经受住时代的考验，关键在于基层中队的战斗力。

基层消防救援队站行政组织体系是一个团队职责与功能的统一体，是广义上的完整的大的系统。在普通消防救援站中，传统组织体系设置由上至下分别包括站长、指导员、副站长、副指导员、司务长、站长助理、分队长、班长和消防员，在管理上采用逐级负责制的金字塔形管理模式。其各自职责分工为站长负责开展队站日常管理与消防员专项训练，副站长辅助站长进行工作；指导员负责主持党的思想工作与组织工作以及积极开展党员和群众的学习教育，副指导员是指导员政治工作上的助手；司务长在党支部领导下开展工作，负责管理队站的后勤，包括伙食、装备、执行任务中的补给等方面；站长助理通常由消防员当中最有威望、能力素质最强的人担任，其职责是协助管理和开展队站日常工作训练中的具体任务；分队长岗位是改革后队站管理组织体系优化的产物，主要按照执勤作战编组承担管理教育职责；班长是直接管理和领导消防员完成日常训练和灭火救援任务的重要扮演者，是消防员的直接领导；在消防员中，还存在以功能性分类的各种角色，如装备技师、驾驶员、文书等。以此，各个群体按照各自活动功能划分及整合，从上至下构成了传统消防救援站的团队工作体系，为应对队站日常工作任务而活动。

与队站行政组织体系相对应的是作战编成设置。作战编成是为了达到一定的战斗目的，根据灭火救援作战对象、保卫目标和作战环节需要，将人员、车辆、装备编配成若干作战编组、功能单元和专业编队，形成便于指挥、密切协同、处置高效的有机整体。普通消防救援站根据队站类型，组建侦查搜救、灭火冷却、供水供液、举高作业、破拆排烟、化工处置等功能单元，每个单元依托单个消防救援站组建，按照任务需求，安排相应人员承担不同的功能单元角色，以完成相关作战任务。

但是基层消防救援站在实际作业过程中，行政组织体系和作战编成设置却未能正常发挥功能。首先，行政组织体系上存在职能范围界定模糊、混乱的问题，现实中可能出现两个甚至三个领导者角色进行重复的任务下达，不同部门为了完成任务目标大包大揽，只有共同目标，阶段性目标缺失，导致任务难度提升,工作量向单个部门倾斜,最终造成任务虽然能够完成,但是完成效果差,效率低。其次,作战编成在实际情况中,队站执勤实力不足,传统消防救援站通常以单辆特种消防车车载6人为一个功能单元,角色分别为指挥员,驾驶员,通讯员,1、2、3号消防员,消防员往往需要一人承担多个角色,以组成灭火组、破拆组、供液组等作战编组才能够发挥单元相应功能,也就必然导致了功能发挥上的低效。对此,依据前文总结消防救援团队构成要素分析,基层队站的战斗力主要取决于作战编成和行政组织体系,实际要解决的是系统建构中出现的组织体系设置、职责范围界定和人员角色分配问题,也就是说优化构成要素中的人员与职权是关键。人员是救援的主体,是战斗力构成的核心要素,职权是结合个体能力明确职责范围,进行具体职责分工的前瞻性工作,另外目标、定位和计划是保持消防员长久高效进行救援工作的基础,是战斗力的基础保障。

(二)目标分析

心理学上也把目标称为诱因,诱因理论由心理学家赫尔提出。通常把直接推动行为的内部原因称为动机,把激起行为的外部原因称为诱因。诱因分为两个方面,一个方面是把能满足需要并引起有机体的趋向性活动的刺激物或情境称为正诱因;另一方面是把妨碍需要的满足并引起有机体的回避性活动的刺激物或情境称为负诱因。并且诱因与人的行为潜能还有密切的联系,根据相关理论,赫尔得出公式:

$P(行为潜能)=D(驱力) \times H(习惯强度) \times K(诱因)$

由此,哈佛大学在1953年做的关于目标对人生结果影响的调查表明,当人们的行动有了明确的目标,并能把行动与目标不断加以对照,进而清楚地知道自己当前与目标之间的距离时,人们行动的动力就会得到维持和加强,就会自觉地克服困难,努力达成目标。

所以,提升基层消防救援站战斗力的重要因素就是引导全体指战员树立起防范化解重大安全风险、应对处置各类灾害事故的崇高职业目标,并且进一步针对各类型任务制订相应的任务目标和阶段性目标,如年终工作考核任务,可按工作计划安排表将其分解为战训与政工两个部分,从而更有针对性地完成任务。由此,使指战员能够拥有朝着目标不断前进的内驱力,能够从阶段目标的完成上获得成就感,使其全面发挥自身潜能,努力成为可堪大用、能担重任的职业化、专业化技术人才。

(三)人员分析

人是团队的基本单位,团队目标是通过其成员来实现的,每个人在团队中都扮演着各自的角色,团队角色是指一个人在团队中某一职位上应该有的行为模式。因此,人员的选择关系着消防救援高效团队的组成。

从心理学角度出发,现代研究中主要提到的团队角色理论是贝尔宾的团队角色理论。贝尔宾将团队角色定义为:个体在群体内的行为、贡献以及人际互动的倾向性。他的角色理论将团队成员分为九种团队角色,分别为智多星——创造力强,充当创新者和发明者的角色;外交家——热情的、行动力强的、外向的人;审议员——态度严肃的、谨慎理智的人;协调者——能够凝聚团队的力量向共同的目标努力的人;鞭策者——充满干劲、精力充沛、渴望有成就的人;凝聚者——团队中给予最大支持的人;执行者——有强烈的自我控制力及纪律意识的实用主义者;完成者——坚持不懈、注重细节的个人主义者;专业师——单一领域的专注探究者。

根据他的观点,高效率的团队应该由扮演不同团队角色的合适成员组成,有效的团队应拥有九种必需的角色从而达到高效的团队合作状态,这种状态被称为"团队的静态平衡"。但在团队的发展中,不但要注意团队的静态平衡,更要注重团队的动态平衡。动态平衡是指当团队中缺失某一团队角色时,原有的某些团队成员能够自动承担起相应团队角色,从而维持整个团队的正常机能,促进团队的发展。

由此,通过贝尔宾的九种团队角色理论与团队运行动静态平衡的观点,把握作战编成人员不足、不均对任务完成效率影响的实际,对优化作战编成以提升基层消防救援站战斗力提出两点建议。

1.要建立科学的作战编成。要以加强出动力量为抓手,健全联动社会力量机制,打破以车辆为编组的执勤作业现状,健全功能性人员编组。首先,要做到既确保第一出动力量满足现场救援任务需求,又要确保在团队角色缺失的情况下随时能够兼顾与补充。其次,要做到社会各部门联动指挥,巧妙解决人员不足问题,合理配置相应战斗力,承担相应团队角色,掌握任务实施进度,减轻第一现场压力。

2.保证各作战编组的独立性。各作战编组要坚持人才培养、专人专用的原则,立足于最不利的条件下开展训练和实战演练。为使团队角色能够在本职领域内发挥最大的作用,除极特殊情况外,作战现场要保持各编组的相对独立性,虽"一专多能",但要以"一专"为主,借以实现团队之间专业技能互补和高效协同,达到提升工作效率的目的并最终完成团队的共同目标。

(四)定位分析

团队的定位包含两层意思:一是团队整体的定位,包括团队所在的层次,即中队、大队、支队与总队,团队的负责对象等;二是团队中个体的定位,包括消防指战员在团体中扮演什么角色,是制定计划的领导者还是具体任务实施者等。

基层消防救援站的定位是否清晰,决定其发展方向以及完成任务各个步骤的有效性。一个任务完成的好坏是团队定位与个体定位相互协调的结果。首先,长期的团队定位模糊不清会导致团队的凝聚力涣散,中队承担大队的任务,大队插手中队的管理,职责认知不清,工作秩序会崩坏;其次,队员的定位比较复杂,依托于贝尔宾团队角色理论,一个队员往往要承担多个角色任务,因此合适的定位要在实践中摸索,坚持个体的发展与团队的总体定位相契合。为此,要坚持基层消防救援站处于消防组织体系中的最基层,是基础执勤单位,是灭火救援任务的实际执行者,其一切工作都是为了妥善处理灭火救援任务而服务这一根本定位,人员定位同样如此。

(五)职权分析

团队工作成效在很大程度上取决于团队的积极性和主动性,影响积极性的主要因素就是权责利的合理配置问题。因此,团队的职权范围必须和定位、工作能力和赋予的资源相一致,也就是说,在团队的职权范围内界定个体的权限,并以此形成调动团队的积极性的具体手段。因此,必须充分认识到,基层消防救援站构成中的矛盾,是组织体系结构模型稳定且僵化,横向联系薄弱,部门协同脱节,各个职能的子系统注重功能性目标而不是消防救援站的整体目标,使工作效率受到影响。立足于这一组织体系弊病的前提下,对优化结构提出以下策略。

1.按照团队角色理论和职能粗分组织结构。在消防救援站发展的不同阶段,需要合理配置资源,根据目标需要打破传统的金字塔管理模式,通过9个角色特点,对队站内各组织结构成员职能权责进行重新划分,清晰权责边界,基于任务完成效率的真实数据不断优化调整。

2.建立信息传递系统与内部信任协同关系。以工作目标为导向,建立各部门信任关系,增加信息透明度,拓宽信息广度,界定职责底线,建立健全沟通机制,从根源上避免个体推诿扯皮情况的发生,让队站成员真切感受到工作任务压力,使个人目标与集体目标相统一,从而促使组织结构优化,协同能力提高,有效提升团队的运行效率。

(六)计划分析

凡事预则立,谋而后动。一个高效的团队在行动前一定会对工作任务进行统筹安排、制订计划。可以说,计划工作是一个高效的消防救援团队完成任务的前提和基础,需要考虑的因素有以下几个方面:一是目标指标,工作计划的制订一定是为了目标指标的达成;二是资源,对于基层消防救援站来说,资源就是专业人才、灭火药剂和器材装备,一次成功的应急救援任务应当将资源因素充分考虑;三是时间,在什么时间完成什么任务,这是救援任务的硬性要求,关乎着人民群众生命财产安全,不可忽略;四是责任人和相关人,即承担任务的指挥员与配合任务执行的消防员,明确分工,责任到人,是督促任务完成的内在动力;五是日常工作与长期任务,要分清轻重缓急,冷静处理,明确工作性质,能够将长期任务分解为阶段性工作,按步骤完成。

四、总结与启示

一个高效的团队构成对消防救援队伍来说尤为重要。针对团队构成进行深入研究,才能使每个指战员的作用得到尽可能发挥,使应急救援任务各阶段顺畅衔接,成员作战更加协同,最终维护好人民群众生命财产安全,提高救援效能。本文基于心理学视角,采取文献研究法和相关理论嵌套,总结了传统基层消防救援站工作过程中存在的不足之处,并说明了优化基层消防救援站构成以提升工作效率的措施,以期为提高消防救援效率提供借鉴。

消防救援高效团队的打造

再急难险重的消防救援任务也离不开一个个基层队站的协力完成,而每个队站的顺利出警又离不开更小团体的密切配合,因此对团队进行有序高效的组织和打造至关重要,最大限度地凝聚团队力量是带来消防工作成就感及荣誉感的坚实基础。

一、高效团队特点

(一)清晰的目标

高效的团队对所要达到的目标有清楚的了解,并坚信这一目标包含着重大的意义和价值,而且这种目标的重要性还激励着团队成员把自己的个人目标升华到团体目标中去。在高效团队中,成员愿意为团队目标做出承诺,清楚地知道团队希望他们做什么,以及他们怎样共同工作,协同完成任务。

(二)相关的技能

高效的团队是由一群有能力的成员组成的。他们具备实现理想和目标所需要的技术和能力,而且相互之间有能够良好合作的个性品质,从而出色地完成任务。后者常常被人们忽视,却尤为重要。有精湛技术的人不一定就有合作技巧,高效团队的成员往往兼而有之。

(三)相互的信任

成员间相互信任是高效团队的显著特征。组织文化和管理层的行为对形成相互信任的群体氛围有很大影响。如果组织崇尚开放、诚实、协作的办事原则,同时鼓励员工的参与和自主性,它就比较容易形成信任的环境,从而帮助管理者建立和维持信任的行为。

(四)一致的承诺

高效团队的成员对团队表现出高度的忠诚和承诺,为了能使团队获得成功,他们愿意去做任何事情。我们把这种忠诚和奉献称为一致的承诺。对成功团队的研究发现,团队成员对他们的群体具有认同感,他们把自己属于该群体的身份看作自我的一个主要方面。因此,承诺一致的特征表现为对群体目标的奉献精神,愿意为实现这一目标而调动和发挥自己最大的潜能。

(五)良好的沟通

良好的沟通是高效团队必不可少的一个特点。团队成员通过畅通的渠道交流信息,包括各种语言和非语言信息。此外,管理层与团队成员之间健康的信息反馈也是良好沟通的重要特征,它有助于管理层指导团队成员的行为,消除误解。

(六)角色的多变

以个体为基础进行工作设计时,员工的角色由工作说明、工作程序、工作纪律以及其他一些正式文件明确规定。但对于高效团队来说,其成员角色具有灵活多变性,总在不断地进行调整。这就要求成员有充分的准备,持续面对和应付团队中时常变化的关系和问题。

(七)恰当的领导

有效的领导者能够让团队跟随自己共同度过最艰难的时期,因为他能为团队指明前途所在,向成员阐明变革的可能性,鼓舞团队成员的信心,帮助他们更充分地了解自己的潜力。高效团队的领导者往往担任的是教练和后盾的角色,他们对团队提供指导和支持,但并不试图去控制它。

(八)内部支持和外部支持

要形成高效团队的最后一个必要条件就是环境支持。从内部条件来看,团队应该拥有合理的基础结构。这包括一套易于理解的用以评估员工总体绩效的测量系统,以及一个起支持作用的人力资源系统。恰当的基础结构能支持并强化成员行为,以取得高绩效水平。从外部条件来看,管理层应给团队提供完成工作所必需的各种资源。

二、高效团队的打造

为了达到上述八点,可从六个方面对团队进行实际操作,分别是:科学的人员配置、良好的团队目标、畅通的团队沟通、有效的激励方式、优秀的领导者、信任的团队氛围。

（一）科学的人员配置

高效团队在人员配置上要做到人员技能互补。由于基层消防员由上级组织统一分配，中队不能自行招纳人员，所以中队领导者在人员配置方面不具有实操性，在科学人员配置方面难以实现，故不讨论。

（二）良好的团队目标

团队目标一般以任务为导向，基层消防中队所接受的任务具有强制性，也就是任务即目标，所以在实际操作层面良好的团队目标没有操作性，故不加以讨论。

（三）畅通的团队沟通

团队沟通主要分为平行沟通、上行沟通和下行沟通。

1.平行沟通

首先，在认知层面，要有平等待人的心态，真正把对方当成平等的工作伙伴。在与人合作时，很多时候容易有一种高高在上的心态。这种心态是平级沟通的大忌。在职场每个人都有弱点和不足，正是因为有其他人能够弥补个人的不足，团队目标才能达成。只有真正把平级当成平等的伙伴，在工作中遇到的其他问题才能够找到解决方法。

其次，不把争输赢当成沟通的主要目的，与对方通过协作达成目标才是重点。与平级沟通更容易出现冲突。很多时候由于利益出发点不同，看问题的角度不同，很容易出现冲突，行动上不配合也在所难免。必须要认清一点，绝大多数时候，没有人愿意跟谁过不去。更多的时候是信息不同步，只有单方面的沟通，没有双方的互相反馈，造成了理解的偏差。只有把相互合作达成目标作为最重要的出发点，才会找到双赢的方案。

最后，要通过多维度的沟通方法，与对方建立深度连接。仅仅采用正式和官方的沟通手段通常达不到好的效果。有以下几点建议：第一，多做当面沟通，在面对面的场景下，容易建立深层次个人感情；第二，大多数场合下，少采用正式的沟通语言，用非正式、风趣幽默的言语，会拉近双方的距离；第三，不在乎一时的得失，先为对方付出，才能收到更大的回报，欲先取之，必先予之。

2.上行沟通

上行沟通是指下级向上级报告工作情况、提出建议意见或表达自己的意愿等。上行沟通是领导者了解和掌握组织和团体全面情况的重要途径,集体决策实际上要以上行沟通的信息为依据。良好的上行沟通可使领导掌握真实的情况从而做出符合实际的决策。上行沟通的信息内容有四项:成员自己的工作表现和问题、有关其他成员的工作表现和问题、有关组织或团体的决策与工作活动的信息、成员个人的需求。上行沟通的渠道有意见箱、建议奖励制度、座谈会、家访谈心、定期汇报等。

3.下行沟通

下行沟通是指资讯的流动是由组织层次的较高处流向较低处,通常下行沟通的目的是控制、指示、激励及评估。在组织中,当信息下行经过许多组织层级时,许多资讯会遗失,最后接收者真正能收到的只是一小部分而已。因此精简组织,减少组织层级,能使下行沟通更有效。

4.如何提升沟通效率

沟通的本质是传递准确的信息,但是由于信息发出者和信息接收者在多方面的差异而导致传递的信息不能被正确地传递。在此我们引入沟通视窗(乔哈里窗),通过安全合理的自我过往暴露让团队最大限度了解个人,从而扩大团队的共识面并增强团队成员间的相互信任,从而提升团队的有效沟通效率。

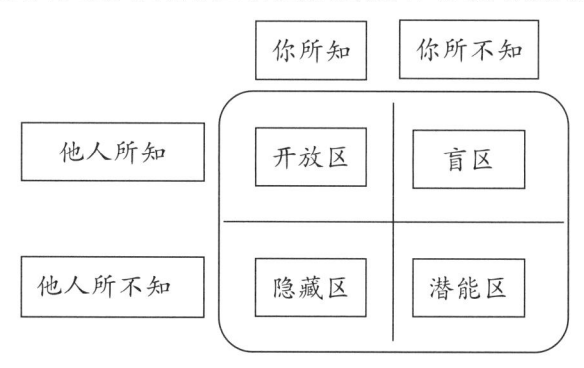

图1 沟通视窗模型图

乔哈里窗把关于你的所有事情分成四个分区。第一区是你的开放区,你和其他人都知道这些情况。这一部分被称为"开放的自己",因为这一部分呈现的是人们有意展示的自己。区2是你的盲区，展现的是别人知道而你自己并不知道的部分，这被称为"口臭"区域，因为其他人知道你有口臭，而你自己往往并不知道。区3是隐藏区，是你自己知道而其他人不知道的部分。这部分可称为"秘密"区域，因为你了解却不会告诉你的团体同伴。区4是你的潜能区，这一部分的事情无论是你自己还是他人都不知道。

伴随着个体的成长，接触的事物更多，认识的人更多，这个过程当中，个体的开放区不断变大。开放区变大的同时也促进了个人的成长。在团队协作中我们应该如何放大我们的开放区呢？两个方法，第一个方法是从隐藏区向开放区转化，叫自我暴露，就是要多跟别人讲。例如，食品公司去打广告，网络博主分享自身经历过往，中队干部讲述入伍以来的经历等，这些都算自我暴露。自我暴露可以使你的隐藏区减少，开放区增加。人们想成为领导者，想跨越阶层，首先需要把那个梦想说出来。第二个方法，就是把盲区变成开放区，叫作恳请反馈，就是麻烦你跟我说一说，就像很多企业会有投诉热线那样。

当我们用自我暴露来减少隐藏区，用恳请反馈减少盲区的时候，你会发现我们的开放区慢慢地放大。当这个开放区放大了以后，团体中的个体所收获的东西是什么呢？心理学家给出的结论就是：尊敬和信任。

人和人之间的尊敬和信任到底是从哪里来的？当我们排序世界上最尊敬和信任的是谁，大部分人会写自己的父母。因为伴随着我们出生、成长，从生命的起始父母就了解我们，所以每个人和父母之间的开放区是这个世界上最大的。那排在后边可能是兄弟姐妹、老婆孩子，然后是好友、同学战友、同一个办公室的同事、隔壁办公室的同事、吃过一次饭的朋友、看起来面熟的陌生人。到最后最不尊敬不信任的那个人是谁呢？并不是所谓的坏人，而是陌生人。

所以，当团队内的开放区足够大时，整个团队的沟通效率会显著地提高。

（四）有效的激励方式

根据激励因素的来源划分，激励的方式分成两大类，一类是外在性激励，另一类是内在性激励。

1.外在性激励

外在性激励包括物质性激励和社会情感激励。在有的基层消防救援队伍中，由于物质性激励不能实现，没有可操作性，所以摒弃物质性激励，只用社会情感激励消防员。

社会感情激励,即通常用荣誉、友谊、信任、认可、表扬、尊重等社会感情资源来调动员工的积极性。可在日常工作中多表扬团队成员,也可鼓励团队成员之间相互称赞。

2. 内在性激励

通过工作本身提供的某些因素来调动员工的工作积极性,称为内在性激励。一位企业家曾说过,工作的报酬就是工作本身。内在性激励按其激励因素的性质又可分为两类:工作活动本身激励,以及工作任务完成激励。

所以我们在布置任务时可将任务布置给兴致高的成员,这样可以激发成员动力。任务完成时带来的满足感可以进一步带来激励。

(五)优秀的领导者

以基层队伍对指挥员的能力要求为导向构建如下领导者应有素质。可按照以下几点来进行领导者自身能力建设。

1. 身体素质

领导者负责指挥、协调组织活动的进行,是一项不仅需要足够的心智而且消耗大量体力的工作。因此,领导者必须有强健的身体和充沛的精力。

2. 思想道德素质

思想观念是人们行动的前提。如果领导者观念落后,其他方面的素质再好,也不可能将组织引向成功。因此,应该树立起各种正确的思想观念。作为领导者,还必须具有高尚的道德水平,包括严于律己、宽以待人、不断进取、诚实守信、勇于负责等道德素质。

3. 知识素质

对于一位优秀的领导者而言,他必须具备合理的知识结构。在其知识结构中,必须具备以下几方面的知识:

第一,基础知识。基础知识是反映一个人基本素质的重要方面。对领导者而言,更应该具备丰富的基础知识,比如人文历史知识、哲学知识、地理知识、政治法律知识等。

第二,业务知识。领导者应该具备做好本职工作所需的专业知识,进而成为某一方面的专家或内行;除了专业知识,领导者也应该熟悉本行业的其他知识,比如管理知识、生产技术知识等,领导者应该是一个复合型人才。

第三,实践知识。理论知识虽然重要,但它只是对以往实践活动的概括和总结。领导者只有把理论付诸实践不断地去接触和发现生活中的新情况与新问题,才能使自己的头脑具备丰富多彩的、具体的感性知识,并经过自己头脑的加工,使其上升为理性知识。

4.心理素质

心理素质是一个人心理特征的综合,包括认知过程特征、情绪情感特征以及气质、性格、兴趣、爱好、意志等方面的特征。这些特征有一部分受先天因素的影响,但更多是在后天形成的。优秀的领导者需要有良好的心理素质、比较稳定的情绪和比较高尚的情感、开朗的性格、坚韧不拔的意志和毅力等。

5.业务素质

领导者的业务素质主要包括以下方面:

第一,沟通能力。这要求领导者具有关心他人、理解他人、说服他人的本领;善于察言观色了解下属的内心活动,掌握其思想动向。

第二,组织协调能力。领导者应善于运用组织的力量,将组织中具有不同才能的人组织起来协调一致地进行集体活动。

第三,筹划决策能力。这是领导者必备的一项重要能力。越是高层次的领导者,越应该具备高水平的筹划与决策能力。

第四,灵活应变能力。由于组织所处内外环境复杂多变,因此领导者应具备审时度势、随机应变的能力。

第五,开拓创新能力。开拓创新是领导者的一个重要方面。领导者应该具有对新问题、新事物的敏锐感知力,要有冲破传统的勇气,在实践中不断开拓创新,以促进组织的可持续发展。

(六)信任的团队氛围

信任的团队氛围可从以下七点着手塑造:

1. 欣赏

很多时候,同处于一个团队中的工作伙伴常常会乱设"敌人",尤其是大家因某事而分出了高低时,落在后面的人的心里会很容易"酸溜溜"的。所以,每个人都要先把心态摆正,用客观的目光去看看"假想敌"到底有没有长处,哪怕是一点点比自己好的地方都是值得学习的。

2. 尊重

尊重没有高低之分、地位之差和资历之别,尊重只是团队成员在交往时的一种平等的态度。平等待人,有礼有节,既尊重他人,又尽量保持自我个性,这是团队合作的最高境界。

3. 宽容

宽容是团队合作中最好的润滑剂,它能消除分歧和斗争,使团队成员能够互敬互重、彼此包容、和谐相处,从而安心工作,体会到合作的快乐。试想一下,如果你冲别人大发雷霆,即使过错在于对方,谁也不能保证他不以同样的态度来回敬你。

4. 平等

当每一个团队成员都处于相同的起跑线上时,他们之间就不会产生距离感,他们在合作时就会形成更加默契、紧密的关系,从而使团队效益最大化。

5. 负责

负责,不仅意味着对错误负责、对自己负责,更意味着对团队负责、对团队成员负责,并将这种负责精神落实到每一个工作的细节之中。

6. 诚信

古人说:人无信则不立。说的是为人处世若不诚实,不讲信用,就不能在社会上立足和建功立业。一个个体,如果不讲诚信,那么他在团队之中也将无法立足,最终会被淘汰出局。诚信,是做人的基本准则,也是作为一名团队成员所应具备的基本价值理念——它是高于一切的。

7.团队利益至上

对团队领导者的决定需要保持高度的认同感,这也是全局意识的一种体现。因为团队领导者正是一支团队的指挥中枢,每位下属或员工都服从他们,与他们精诚合作,这个团队才能保持旺盛而持久的战斗力。

以上论述的高效团队打造要点,均是基于基层中队实际情况,并以可操作性为基础论述的。我们有理由相信,伴随着研究的不断深入,后人对体制内消防视角下的高效团队打造规律会掌握得更加透彻,团队基础消防模式必将成为今后消防队伍的主要组织形式,对消防管理的实践也必然产生巨大的影响。

生死问题与价值考量

　　人生包括"生"与"死"两极。生命的终点是死亡,死亡是自生命诞生之初便伴随的否定因素。总体而言,世人绝大多数喜生厌死,趋利避害,这是人的本性,究其原因在于人对于生命的自我保护。科学的生死观建立在精神层面对于"死亡"的透彻理解,同时必须解决人之生物机体本能和个人社会人生价值实现之间的矛盾,使得二者能够有机协调,从而保持人生的前进动力和生命的精神力量。

　　因此,讨论消防救援人员的正确生死观,使其能在个人利益和社会集体利益的权衡之中做出符合党和人民期待的价值判断,从而采取积极的行动,便具备了理论和现实意义。

一、生与死的基本观点

"生"与"死"作为一对基本哲学范畴,是相互依存、相互渗透、相互贯通的。"生"往往标志着生命的起始点、延续过程,"死"则成为了生命的终止点和最后阶段。"生的起点与死亡的终点构成了生命的过程",此"过程"便是生命的全部存在。人不可能永生,一定会面临死亡,那么其过程便是一种内部结构的变化与运动,不会因人的主观意志而转移;这是一种自然规律,是一种变化,更是事物发展到一定阶段由量变引起的质变出现的必然结果。

(一)四种基本哲学观念

尽管对于生死观的基本态度,中华文化传统、西方文化传统、各派系宗教的主张因社会历史因素差异较大,总体而言可以归纳为否定死亡、回避死亡、转生念为死念、转死念为生念四种。

1.否定死亡

否定死亡即对死亡的否定和对生命永恒性追求的哲学态度,这从一个侧面反映了人对于现实的存在探索性的永恒追求。例如有学者说过,"宗教的许诺是永恒,宗教的诱惑在天堂。人生的归途要么是天堂、要么是地狱,这是宗教给我们建构的最后居所,也是一切宗教最基本的命题"。基督教拥有天堂和地狱场所,《阿弥陀经》对极乐世界的描述是"其国众生无有众苦,但受诸乐,故名极乐"。

2.回避死亡

回避死亡一般表现为死亡成为现实威胁时,人陷入焦虑等非常态心理,以趋向维持生命为观点的状态。例如在中国人的观念里,死是一个比较忌讳的词。平日里,大家一般不会讨论死亡这个话题。很多人往往是大限已至时,才第一次认真思考死亡。同时,个别情况下回避态度往往又是理性的,例如孔子谈道:"未知生,焉知死?"休谟在回答"想到湮灭是否会恐惧?"时说,"一点也不,我甚至从未想过它。"这样的理性回避往往更加关注现实的迫切性问题,体现出对现实的专注。

3. 转生念为死念

人终有一死,但人的死期是不确定的。在这样的前提下,有的人将世界无价值化,有的甚至将死亡美化、诗化,这又展现出对于死亡世界恐惧的减弱。苏格拉底从唯物主义角度认为,死亡只是"无梦的睡眠",并不可怕;从唯心主义角度讲,死亡后灵魂可以升入天堂,可以在那里找到那些先期死去的先哲、英雄。庄子鼓盆而歌,史铁生写下"死是一个必然会降临的节日"等,也包含了以积极乐观的态度面对死亡的人生观点。除了用逻辑解释死亡、用诗意美化死亡之外,还有一种是以"死士心态"蔑视死亡。例如"人生自古谁无死,留取丹心照汗青"的文天祥、"死得其所,快哉快哉"的谭嗣同等。

4. 转死念为生念

海德格尔在《存在与时间》中提出了"向死而生"的概念:人只要还没有亡故,就是向死的方向活着。某种意义上人死亡的必然性使得目的趋向倾向于死亡。在这个向死的过程中,人能真实地感受到自我的强烈存在感,自己在这个向死的过程中"在场"。由是,死的过程与亡的结果相比较,这个向死的过程更本真,更真实。这与中国古代"物极必反""否极泰来"有着类似的理性观念。值得注意的是,"向死而生"的观念可能走向消极的结果,也可能走向积极的结果,应该结合现实需要转化其状态。

(二)生死观的基本共识

1. 人终有一死

无论从经验法则、逻辑法则还是人生法则来看,人终有一死。从生理学和病理学的角度来观察"死",则结论相同,认为一个人毫无知觉和动作就意味着死亡,进而又意识到人的呼吸停止即是死亡,即认为死亡为"生命活动的终止,也就是机体完整性的解体"。再后来以心脏是否跳动作为判定死亡的标志;现代医学以笛卡儿的心物二元论为基石,相信人在大脑死亡后,其意识即告终结,因此用脑死亡作为人死亡的标志……事实上就个人的物质属性而言,生物机体的机能有限性决定了人的肉体将会衰落、枯竭、死亡。

2.人无法真正、完整地体验死亡

伊壁鸠鲁曾写道：死亡不过是感觉的丧失……当我们存在时，死亡对于我们还没有来，而当死亡时，我们已经不存在了。因此死对于生者和死者都不相干。死亡意味着作为生命个体的人不再存在，当人可以感知、体验、呼吸、心脏跳动时，他（她）是活人或处于生的状态；当人不能感知、体验、呼吸、心脏不能跳动时，他（她）是死人或处于死的状态。因此从经验的角度观察，人无从感受死亡。

3.目前人无法认知死亡后的世界

生命具有不可逆性和脆弱性，现代意义的"脑死亡"使得人类本身意识的探寻无从着手。尽管目前存在将动物脑体移植至活体的尝试，然而科学的"脑死亡"后的医治方法仍然需要漫长的研究。我们对于死亡后人的意识和认识的讨论缺乏严谨的事实支撑。

（三）对于生死认知的差异

古今中外对于生死的哲学探讨衍生出不同地域或国家对于生死的不同应对态度。从时空维度出发，我们应认清中西生死观的异同，了解多元化差异，尊重互相边界；从生死哲学观出发，我们需要继承传统，兼收并蓄，以新时代中国特色社会主义的生死观为导向来看待生死。

1.中西文化生死观之同

（1）生之偶然，死之必然

中华文化源远流长，在上古时代，先哲们就开始思考生与死的问题，大禹治水成功后，随从行舟南下，黄龙横断其路，大禹说出"生，寄也；死，归也"。意思是生只是偶然且短暂地寄居在我们的肉体里，死亡才是最终的归宿。我们带着偶然来到世间，从此便踏上了死亡的旅途。所以生是偶然，死是必然。当代著名作家史铁生在双腿瘫痪之后，也曾伤心、彷徨过，在那段刚遭遇灾难的日子里他曾一遍又一遍地追问："为什么是我？"渐渐地，他悟出了生死的真谛，在抒情散文《我与地坛》里写道："一个人出生了只是上帝交给他的一个事实……已经顺便保证了它的结果，所以死是一件不必急于求成的事，死是一个必然会降临的节日。"西方人同样不得不承认生之偶然,死之必然的自然定律。《圣经》有言:"因为你来自尘土,就仍要回到尘土。"上帝用泥土按照自己的模样,捏成一个个小人,分成男女,其中就有西方的始祖,所以最终也要回到尘土,这跟我们"从哪里来,回哪里去"有异曲同工之妙。

当然,要正确对待生死,通过反思的力量将死分解成各个部分,可以正确看待死亡不过是自然维持自身运转的一种自我调节。如果有人害怕死亡,那他只是还未搞清死亡的意义和归宿,被影视、小说误导的偏执理解加上还不够成熟的自我意识,以及稚气未脱的孩子气。生死乃自然之事,从婴儿哭啼到长大成人,再到逐渐衰老,是一个自然的过程,我们于偶然来到这个世界,遵循自然规律,然后为下一代偶然腾出空间是再正常不过的事情。面对死亡,我们应持有的态度是,既不要因为生命终归走向死亡而唉声叹气,也不要过分畏惧死亡,要以一颗平常心来对待。中西文化都从自身入手,看清了生之偶然,死之必然,在越来越重视科学的今天,生物学家用科学告诉世人,一个婴儿的出生是一件多么偶然而奇妙的事情。

(2)喜生悲死

从理论上,中西方思想都意识到了生之偶然,死之必然,但就人们的观念而言,都认识到生的可贵,喜生悲死。孔子虽然提倡"杀身成仁",但仍然十分看重生之可贵,当其弟子季路问及鬼神之事时,孔子的回答是:"未知生,焉知死。"也就是说,活着的事情都没搞清楚,哪有时间去想死后的事呢,可以看出,孔子是十分看重生时的作为的,既然活着,就要有质量地活着,不然岂不浪费了一生?当其爱徒颜渊死后,孔子深叹:"天丧予!"不难发现,孔子是热爱生命、悲悯死亡的。另一位儒家代表人物孟子,虽提倡"舍生取义",但也不忽视生。"舍生取义"的前提,是"生,亦我所欲也;义,亦我所欲也"。孟子不是不看重生,相反,他十分重视生,重视生的意义,正因为太看重生的质量,所以在生与义面前选择义,那样才更突出义的价值。再观历史上,不乏追求长生不老的例子,譬如秦始皇求长生不老仙草,都希望自己能活得长久,能更好地行使自己的生命权。反观死亡确实是一件令人悲痛的事情。以至于从古到今民间对婴儿出生或者是结婚等都称为"喜事""红事",逝者的追悼会称为"丧事""白事"。不少文学作品,都将主角遇害作为高潮,以此展现极悲的色彩。当代小说《活着》,更是用一件接一件的人生打击,表明活着的意义和逝去的悲伤。西方也是如此,《罪与罚》中陀思妥耶夫斯基描述了众人对于阿廖娜、丽扎韦塔、马尔美拉托夫死亡的反应,痛哭流涕、守夜伴随。死亡不仅仅成为一个人的悲,牵连的是整个家庭的悲伤,带来的是整个家庭的眼泪。喜生悲死成为中西面对生死共同的反应,生命的延续与更替与人类感情发生一样的共鸣。

2.中西文化生死观之异

(1)回避死亡与直面死亡

中华民族历来有重视生命群体意义的传统,然而在对待个体死亡时,却持回避态度。在我国虽然不少思哲在学术上讨论"死"的问题,但在生活中,从达官显贵到平民百姓,平时聊天都鲜有涉及"死"的,不得已谈到,也不会拿活人说事,就算提到逝去的人,也会用委婉的说法,不管是在文学作品里还是现实生活中都是如此。为表示对死者的缅怀和尊重,不直接说"死"而是以"去了""走了""没了"等话代替。即使在面对死亡时,人们还会想出各种死而复生的桥段。民间许多人相信,人死后都是要变成鬼的,虽然鬼有不少活人不能做到的便利,如可以在晚上自由飞,可以不吃不喝都不饿,但有一部分人对鬼始终有一种恐惧。还有更多的人相信已故的亲人会换一种方式陪伴彼此。由此可见,中国人对死亡不仅仅是回避还有执念。

西方则更多地展示了人类直面死亡的勇气。希腊哲学家苏格拉底被雅典法庭判以极刑后,从容面对。在生命的最后一天,他一如既往,诲人不倦,与前来探望的学生谈论哲学。有西方学者说哲学家之所以不怕死、还勇于赴死的原因,在于哲学家追求的是灵魂的自由,而要做到如此,肉体就得先死亡。所以,哲学就是预习死亡。当毒酒被端到面前,苏格拉底镇定自若地接过,一饮而尽,勇敢地践行了自己的哲学理论。后来的斯多亚学派同样主张勇敢面对死亡。他们认为,既然死是一件无法避免的事,何不勇敢面对,顺应自然,心甘情愿地接受呢?很多人都想活得洒脱,死得无憾,但是很多人却忘记,死得无憾的前提是有接受死亡的勇气,避免不了,那就从容就死,活着的人也会少一份悲伤。总体而言,西方社会对死亡也充满了悲伤情怀,但他们在日常生活中不回避讨论死亡,还将之升华到哲学的高度。

(2)追求现世与关注来世

儒家向来追求生的意义,因而在活着的时候,能有一份效忠天下的决心并付诸实践,才是儒士们一生追求的目标。孔子的那句"未知生,焉知死",再明白不过地表明了他对活着时候努力的看重。将生命活得有质量,加深生命的厚度,先把生命过好,再提死亡,更有底气面对也更加从容。道家总体而言虽没儒家思想里的那份功利色彩,但也十分看重现世的幸福,追求生命的长度。在中国传统中,对于死亡的恐惧和对亡灵鬼魂的惧怕,以及对阴间的阴冷潮湿、阴森恐怖的想象,都说明中华民族对生的渴望。因此,中国人在生前兢兢业业,为社会做贡献,以求功成名就、流芳百世。在西方,人们认为,人由肉体、魂和灵组成,而灵才是应该追求的,肉体只不过是灵在人间的暂时寄托。要想死后升入天堂,生前就要多行善,而生前的贫贱富贵与最终是否上天堂没有必然的联系。基督教通过追求上帝从而使人们摆脱尘世间的罪孽,获得生命的超越,达到永生。因此,在西方传统里,人们将死提升为达到新生的途径。

(四)对于生死的应对态度

1.中国传统应对态度

中国传统更加注重对现世的贡献,即注重"生"的时段。例如《论语》所记"厩焚。子退朝,曰:'伤人乎?'不问马。"儒家主流把人的生命看得重要,肯定了人的生命本身就是价值,要珍惜自我及他人的生命。道家以"自我"的天然发展为起点,突出了生命的"自然价值",恰如老子认为轻视生命而在意身外之物是一种不明智的行为,庄子认为生命高于"天下"。我国古代的生死应对方式呈现出人本精神和注重现实的态度。

2.西方传统应对态度

西方传统更加关注"死亡"的体验过程,即认识死亡、正视死亡、超越死亡。某种意义上,理性的认识过程往往凸显出生命教育的意义。恰如基督信徒笃信死亡可以让人赎罪,他们认为死亡并不是最终的结束,而是一种使他们通向永生和不朽的方式。既然生命都归于上帝,那么人更需要面对死亡,承担死亡,使得自身的生命富有价值。

3.新时代应对态度

马克思认为生命应该"为同时代人的完美、幸福而工作,才能使自己也达到完美","幸福将属于千百万人"。马克思主义对于死亡的关注更强调解放全人类、每个人自由全面发展。社会主义的集体意识关注社会关系之中的人,这种内化的集体意识可以指导时代下的人们外化为行动,做到客观规律性与主观能动性的辩证统一。生与死是所有生命从产生、发展到消亡和灭亡的客观的不断运动的过程的具体表现,有其客观必然性和规律性。在生死观问题上,我们要将中国特色社会主义和共产主义的共同理想内化于心外化于行,在个人奉献与集体利益之中寻找正确的处置方式。中国共产党人的理想信念,建立在马克思主义科学真理的基础之上,建立在马克思主义揭示的人类社会发展规律的基础之上。当下,我们个人的生命应该服务于中华民族伟大复兴中国梦,投身于推进社会主义现代化建设的实践之中。

(五)生死观小结

从人类诞生以来,就知道生死相向,最原始的恐惧来源于对生命的自我意识的确立,死亡便也成为所有恐惧的终极指向。进而,人们又会提出:既然生而必死,那么如何保障自己的人生价值得以实现?这些困惑反过来又强化了人们对于死亡的考量。

我们认为,肉体的死亡并不代表人"真正"死亡,而人的"社会性"死亡才标志着人的"真正"死亡。因此我们需要对人的生命与死亡的意义、价值等超越性层面抱有关怀,从否定之否定观理解。既然死亡是蕴含在生命之内的辩证的否定要素,那么死亡就是生命在超越自我的过程中重新回归自我,这种'回归'是在更高层次、更高阶段上的回归。人类本身的能动性使得我们对于死亡的关怀中总结自身的价值意义。

二、消防救援生死观的理论和现实

(一)消防救援实践中的生死基本态度

事实上,在真正面临生与死的选择和考验时,消防救援人员没有时间去计较个人的得失与考虑风险,只是一声"有我在"便义无反顾地逆行;不管我们的"事后教育"有多响亮,救援的时间与任务不会等;不管我们如何争辩,消防救援人员的抉择也不会改。现实永远是残酷的,每一个消防救援人员都很清楚,人的生命只有一次。当灾难降临的时刻,没有任何的峰回路转,没有任何的起死回生,但消防救援人员永远义无反顾、舍生逆行。置身于危险境地,听到生命的呼唤,也许再次进入火场不会像上次一样幸运,但没有一场成功的救援是等出来的。为素不相识的人拼尽全力,这才是消防指战员绝对忠诚的最好诠释。

基层消防指战员普遍年轻,救援经验、危机判断的能力普遍靠的是经验的积累与前人的传授。指战员们都知道以命换命是错误的思想,也常听到亲人说,遇到火了千万别往前冲,很危险,能不进就不进去。但所承担责任的这支队伍就是为了扑灭灾情和救援群众而建立的,在一个有着严密的纪律和严肃组织的集体里,对于生死观和其他人有着不同的看法。人的生命只有一次,大道理都懂,在经历过许许多多灾害的救援后对于死亡的恐惧就没有那么深的感觉了。消防员经常见证生命的消逝,不由得便会对自己的职业感到沉甸甸的责任,不仅仅只是为了功利或是他人的赞美展开救援,而是为了面临各种考验时不退缩不畏惧,沉着冷静面对每一次警情。消防员在平时生活中和普通人一样,在自己平凡的岗位上兢兢业业,也对未来的美好生活有所憧憬,喜欢自己的爱好,偶尔会对生活有所抱怨但也会认真面对。他们为在大部分时间里不能照顾自己的家庭而感到遗憾,很珍惜自己的生命,没想过自己哪次会一去不回,都期望会平平安安的。

(二)消防救援实践中的现实价值比较

在整个消防队伍中,绝大部分为男性,这个群体和大众的生死观也有着很大的差异。环境的不同导致群体之间的心理变化是很明显的,每个队站都是一个独立的组织,合在一起构成了消防网络,这就是他们的大家庭。有消防员说:"等我到期离开队伍的时候,就在家乡找一个女朋友,房子我也按揭了,我觉得我过得比身边人好多了。每日六点起床,按时作息让自己的身体保持活力,周末还能一起逛街买衣服。走在商场里会下意识地观察逃生通道和消火栓位置,听到电铃声会不由自主地身体紧张,这是刻在骨子里的职业特点,很多战友离开队伍后看到消防出警,都会有一起上车再次战斗的冲动。"虽然不善于表达自己的真情实感,寥寥几字中也是对这份职业的热爱与坚持。消防员那么累,吃了好多苦,有做不完的事情,风一半,雨一半;水一半,火一半;饭吃了一半,澡洗了一半;也许这就是消防人的浪漫。警铃就是冲锋号,每次都是未知的风险与考验,但"让我上"和"有我在"永远是我们的使命。始于生活,源于热爱,忠于使命。

(三)消防救援实践中生死观念的发展方向

我们都保留了自己的个性,在面临各种危险时会感到害怕,虽然超级大火不是每个人都能遇到,而在到达救援的第一线也是时刻紧绷着的,和平日里的行为方式发生了很大的改变。速度是第一位的,电铃响起就不会犹豫片刻,哪怕知道很危险,身边有许许多多的同伴会让自己坚定下来。当然有那种千钧一发的时刻,可能稍不注意就会让自己再也回不去,在搜救时可能会因为浓烟迷失了方向,没来得及和自己最亲的人告别。义无反顾的是消防员,他们没有时间去思考这些,凭着自己本能的意识去行动,生死关头所产生的心理变化,就是一种选择。这种选择多数来自下意识,瞬息万变的救援现场不会有时间去动员,对生死的选择不在危急时刻,而在平日里的潜移默化。某种意义上,正是这种潜移默化使我们广大的消防救援人员在自我保全和挽救人民群众生命财产安全之间作出了英勇无畏、舍生忘死的选择,消防救援人员这种下意识的行为正是受到了消防救援人员的生死观的影响。

三、新时代价值导向下生死观的新发展

我们党在不同历史时期的思想政治教育工作重心有所差异,而不同年代对于不同人群的生死观教育侧重亦有所不同。党的十九大以来,以习近平同志为核心的党中央,以伟大的历史主动精神、巨大的政治勇气、强烈的责任担当,统筹国内大局,贯彻党的基本理论、基本路线、基本方略,对国家综合性消防救援队伍提出了现实要求。

新时代消防救援人员的生死观依据首先是职责所系。解决了为谁服务、为谁应急的根本问题,才能确保队伍永远赴汤蹈火、竭诚为民。我们党通过教育和组织两种手段保证队伍敢打必胜,因此消防救援人员选择以人民群众的生命财产安全为优先选择目标。其次是现实要求,救援阶段在多数情况下要优先保证自己的生命安全,以保证继续救援的现实性和可能性,因此必要时需要在道德两难中做出更有利于社会整体效益的生死选择。最后是价值导向,将"赴汤蹈火,竭诚为民"的价值导向内化成每一名消防指战员的精神谱系,从而赓续党的红色血脉,弘扬党的优良传统,使之持续不断为国奉献,为人民服务。

(一)完善体制机制,规范新时代消防救援人员行为准则

切实加强与相关部门的协调联动,完善国家综合性消防救援队伍人员福利待遇、子女教育、社会保险、退休养老、牺牲抚恤等相关保障体系,发挥社会保障"稳定器"的作用,"兜底织密网、建机制",形成多层次的针对消防救援人员的保障体制机制,减少他们的后顾之忧,加强队伍灭火救援行动战斗施行时的自我决心以及战斗力。及时出台完善相关行动指导办法和战斗指南,明确奉献牺牲行为的条文范畴,规范相关行为,避免不必要的牺牲,同时积极弘扬消防救援人员正当正义的生死价值判断和价值选择。

(二)提高价值认同,把握新时代消防救援人员意志大局

对于新时代消防救援生命意义的正确引导必须警惕历史虚无主义和利己主义观点,以马克思列宁主义、毛泽东思想、邓小平理论、"三个代表"重要思想、科学发展观、习近平新时代中国特色社会主义思想作为队伍的行动指南,使国家综合性消防救援队伍成为党绝对领导下的专业技术过硬的队伍,将消防救援人员的生命价值与国家、社会、人民的总体利益有机结合,以增强现实感召力,使行为主体切实感受到自身生命的重大价值,有效提升队伍凝聚力和战斗力。

(三)激发创新活力,推动新时代消防救援技术上新台阶

创新是引领发展的第一动力。中国要强盛、要复兴,就一定要大力发展科学技术。依靠科技推动消防救援事业创新发展,能够为消防救援的生死价值选择注入新的活力。当今世界正在进入以信息产业为主导的经济发展时期,人工智能、量子信息、集成电路等前沿科学技术的发展和应用为消防救援后勤装备和战略决策提供了全新的发展环境。我们要将技术发展和消防救援的现实布局有机结合,加大先进科技成果的转化运用程度,密切关注国际救援装备技术发展动向,挖掘全社会救援科技创新潜力。在技术创新之中减少消防救援战斗伤亡率,提高作战效能,有效保证队伍履行职能使命。

国家综合性消防救援队伍应该以授旗训词精神为引领,忠实践行对党忠诚、纪律严明、赴汤蹈火、竭诚为民的方针,有力应对灾难事故,履行"为维护人民生命财产安全、维护社会稳定贡献自己的一切"的誓言。在社会主义集体主

义的基本语境下，个人利益应当让位于集体利益，在政党的基本性质和社会阶级性质的原则下，公职业务的价值导向又基本确定了消防救援人员的主流生死观：为维护人民生命财产安全，维护社会稳定贡献自己的一切。因此，现阶段我们褒扬在特定环境下将自己的生死让位于人民群众的消防救援人员，不仅仅是因为一脉传承的性质宗旨和光荣传统，也是肯定在生死判断和价值选择之下选择履行自己的职能使命，以确保本职业务和职业事业的有效实施，即使需要放弃自身的生命。

四、结语

就如沈从文先生所说："人生实在是一本书，内容复杂，分量沉重，值得翻到个人所能翻到的最后一页，而且必须慢慢地翻。"我们无法延长生命的长度，只能拔高它的厚度，这样对于我们自身来讲，才算是无愧于自己，无愧于人民，无愧于党的重托和期望。置身于危险境地，听到生命的呼唤，他们愿意为素不相识的人以命换命，他们愿意为争取时间而冲进火场，这正是消防救援人员的英雄本色。

生命的真谛

生命的本质是宇宙大爆炸后空间运动的历史记忆(遗传基因)的外在表现形式。从无机物到原始生命的演化过程中,当时特有的物质结构和环境条件是外因,惯性维护平衡与作用力造成变化这一物质最基本属性的矛盾则是推动有机物到原始生命发生质变的内在动力。

其所外化成的生命的新陈代谢功能和内化成的遗传变异性功能则随着时间的推移,在"物竞天择,适者生存"这一自然选择规律的作用下,造就了从水生到陆生、从简单到复杂、从低等到高等自觉或不自觉发挥着主观能动性去趋利避害、适应环境的千差万别、形形色色的生命。生命自古以来就充满着无尽的未知,生命的意义一直以来都是解构人类存在的目的与意义的哲学问题。那么,生命诞生的意义是什么呢?

一、生命以系统的方式存在

有人说,生命的诞生是为了享受世间的种种美好的事物。也有人说,生命的诞生是为了更好地迎接死亡的到来。当然,这样的观点有点过于偏激。我们从一个细胞,到成为一个独立的生命诞生在同一个世界上,生来就担负着一种责任,要在有限生命里发挥自己的生命意义。人的生命既是脆弱的,又是顽强的,生命诞生的意义在于从生到死的历程,每个人对生命都有不同的诠释。有些人天生残疾,却因懂得珍惜而使得生命更为可贵,但有些人明明健康无虞却肆意挥霍,对生命的珍贵不以为意,这就是每个人对生命的意义的不同理解导致的不同做法、造成的不同结果。

生命的意义在于坚持、在于勤奋、在于延续,每个人的生命都是有限的,无论如何长寿终归免不了一死。但如果能看见自己的后人茁壮成长,想必到临终时也会含笑而去,因为自己的血肉生命也能在后人中不断延续。

同时,新生命的诞生是维系一个家庭的纽带,传统思想认为,有了后人就等于是有了"根"。因此,婚姻在中国,不仅仅是两个人的事情,更是两个家庭走到了一起,但夫妻本没有血缘关系,那如何使这两个家庭有粘连度呢?就是孕育下一代,生出了与两个家庭都有血缘关系的结晶,会使两个没有血缘关系的家庭联系更紧密。所以说新生命是维系两个家庭的重要纽带,此外,孕育、培养新生命的过程也能促进家庭成员的沟通,帮助家庭共同成长,产生和睦、踏实的良好氛围。

新生命的诞生不仅对于具体的家庭而言是责任、是希望、是爱的寄托。每个孩子的成长都投入了父母大量的关心、呵护与培养。正如苏霍姆林斯基所说:"孩子本身,对成人来说,是个伟大的教育力量。"从生物种属发展的角度来看,人的繁衍是人类社会生存和发展的前提条件,群体繁衍,即人的群体的周期性更新构成社会的人的再生。恩格斯在历史唯物主义经典名言中说:"根据唯物主义观点,历史中的决定性因素,归根结底是直接生活的生产和再生产。但是,生产本身又有两种:一方面是生活资料即食物、衣服、住房以及为此所必需的工具的生产;另一方面是人类自身的生产,即种的繁衍。"我们解读恩格斯的这段话时可以得出,人类社会是建立在人群自身繁衍的基础上的。而从精神文明传承的角度来看,新生命的诞生更是能让我们超越自身的狭隘,发现人生的永恒,人类文明正是由于代代相传、不断延续,才有了今天的灿烂辉煌。

二、生命的价值启示

(一)小草伏地彰显生命之坚韧

那是一株极其平凡的小草,但也是一株神奇的小草。在一片砂石堆中露出一抹淡淡的新绿,原来它长在石缝中,在贫瘠的土壤里扎根,头顶满是沙砾缺少阳光,但是它没有退缩,从未害怕,更谈不上抱怨,而是一点一滴努力地生长。小草是那么的不起眼,在绚丽的鲜花丛中显得很单调;小草是那么的渺小,在大树脚下显得微不足道。然而,飓风虽能将鲜花刮得粉碎,把大树连根拔起,却奈何不了这扎根大地的小草。小草是随遇而安的,不论是在尘土弥漫的道路旁,还是在荒凉贫瘠的戈壁滩上,甚至在沉重的石头下,高高的墙壁上,它都能生根发芽,茁壮成长。

小草象征着生命的乐观,无论处境多么艰难,哪怕遍地泥泞,满眼荆棘,它仍然是春天里的第一抹绿,把生的希望传递下去;小草象征着生命的顽强不屈,即使头顶没有阳光,哪怕被压迫、践踏,它仍与泥土紧紧贴在一起,待来日东山再起。"野火烧不尽,春风吹又生",这便是小草生命力的写照,这便是它生命的真谛。

有人说过:"每个优秀的人,都有一段沉默的时光,那段时光,是付出了很多努力,却得不到结果的日子,我们把它叫作'扎根'。"

(二)蝉虫久藏泥中方显生命之执着

天气慢慢变热,夏天的脚步就要到了。树旁的泥土隐隐作动,在泥土下蛰伏了数年的蝉终于爬出了泥土,只为在夏天的树干上,不停地"歌唱"。蛰伏数载,为的就是在短暂的夏天发挥生命的价值。

你问蝉,你在泥土下那么久,你生命的意义是什么?蝉说它知道无论生命有多短暂,都应该努力发好每一次声,对于它来说,夏天的叫声是它的全部,夏天的蝉看不到冬天的雪,但是为了延续生命的价值,它努力地叫着,好像在告诉夏天烈日下的人们:"要积极面对生活啊,不能因为生命的短暂就放弃生活的希望啊。"

(三)人之生死蕴含生命之价值

"我们就是从这里出发,开始了我们的一生。"《人世间》是留给我深刻印象的一部纪录片,我甚至一度将它推荐给我身边的很多人,为的是让他们能够通过镜头记录的真实世界来感悟、直面、对待我们将来人生中要面对的生与死的抉择,这是个困难的问题。而片中的《生日》一集通过聚焦产房中三位产妇的生产过程,深刻地展现了生与死这一沉重的主题。纪录片结束后,我的心情也长时间无法从纪录片氛围中抽离出来,心中始终萦绕着对生命真谛的无尽思考。

母亲,是"死"过一次的人。那产房内生命的真谛是什么,不仅仅是新生的婴儿,更是赌上自身一切生产的母亲。纪录片中的一位母亲,患有严重的妊娠禁忌症,孩子虽然在她的要求下早产,但是她却没那么幸运,永远离开了这个世界。孩子是她生命的真谛,她明白风险,却执意生下这个孩子;孩子的诞生是这个家庭生命的真谛,是他母亲的生命延续;那孩子生命的真谛是什么?需要他在往后的日子里不断探索,我们不得而知,或许,探索的本身就是生命的真谛。

三、英雄生命的伟大

(一)战斗英雄壮举诠释生命的高度

隆化中学东北角围墙外,干涸的河道上矗立着一座桥形暗堡,一道道火舌从其中喷涌而出,英勇的解放军战士前赴后继地冲上去,却始终未能突破这座碉堡。此时,一位年轻的身影屹立在桥下,其中一条腿鲜血直流,但仍然站得笔直,用左手托起炸药包,毅然决然地拉燃了导火索。随着一声巨响,董存瑞与碉堡一起离开了这人世间,而解放军战士们赢得了胜利。

是怎样的精神动力让董存瑞甘愿放弃自己年轻的生命?在新中国成立的艰难历程中,有着无数身怀信念充满理想的革命前辈,他们勇于担当,为了国家和人民的命运,不计个人得失,不避个人风险,哪怕是付出自己的生命。董存瑞的生命随着碉堡一起消失了,但是他的精神没有消失!坚定的共产主义信念,为了人类的解放奋斗终身的共产主义精神永存!不怕牺牲,勇往直前,关键时刻挺身而出的革命英雄主义精神永存!热爱祖国,热爱人民,舍身为国为民族的爱国主义精神永存！顾全大局，团结协作，舍己为人的集体主义精神永存！不畏艰险，拼搏进取，勇于战胜困难的艰苦创业精神永存！

生命的真谛不在于生命的长度，而在于生命的厚度。董存瑞短暂的一生，谱写了对党、对国家、对人民的忠诚。对热爱事业的奉献，前进路上的战斗，便是人生的真谛！

(二)护林英雄诠释生命的厚度

塔克拉玛干沙漠是中国的最大沙漠亦是世界第二大流动沙漠。塔克拉玛干沙漠被称为"死亡之海"。每年因为沙漠的流动导致田地淹没、人口迁徙数不胜数。塔里木盆地里有一条"生命之河"，因为它两岸的胡杨林长得郁郁葱葱。作为有着传奇色彩的胡杨，它为了防风固沙用尽了它一生的时光，因为有了它们的守护，住在沙漠边缘的人们才有了一片生存空间。胡杨林守护着这里的人们，同样这里的人反哺着胡杨林。他们世代生活在这里陪伴着这片胡杨，看守着这"死亡之海"，是村里最老的护林员，从17岁就开始在这里护林，一生的时间都用在守护这片胡杨上。一身蓝色的制服，如果你没有接近他们、了解他们，你会以为在这荒凉之地的公务人员不过是看看报纸喝喝茶水等下班。但他们每个人都是这片土地的"守护者"，面对"死亡之海"从不畏惧，每个月他们都有挖渠的任务，男女护林员每月共同挖七千米的放沙渠。新疆的沙漠之所以有传奇色彩，是因为有一群舍小家为大家的人们奉献在死亡之海。塔克拉玛干沙漠里有一条生命的动脉：沙漠石油公路。修建这条路最初是石油工人们为了能将沙漠里的石油运输出来，他们为了让荒凉的沙漠不再荒凉，在塔里木沙漠沿线种植了两排绿化带，而为了保证绿化带能在炎热的沙漠里存活，他们在路的两旁盖了机房，这里住着守林人。在一年最好的时光里，他们守护着沙漠，将生命赋予这片"死亡之海"，而把寂寞留给了自己。如果没有人的介入，胡杨林的生命或许会被自然逐渐扼杀，最终消失于这流沙之中，是人改变了它们的生存轨迹。而改变它们的人，却是一群舍了小家为大家的人们，他们默默地奉献，干着又脏又累的活，如果没有人专门去记录他们，生活在其他地方的人们或许从来不会知道这些人的存在。

(三)院士英雄追梦诠释生命的长度

禾下乘凉梦,一稻一人一生只做一件事,一粒种子改变世界。一个有希望的民族不能没有英雄,一个有前途的国家不能没有先锋。为什么这样说,先辈们的热血早已融进了祖国的山河、精神早已渗透到了我们美好生活的方方面面。愁与哀可以皆忘,但是一定要追一个信仰,刚大学毕业时的袁隆平被分配到一个偏远山村教书,在安江农业学校一待就是好多年。"大跃进"遗留的问题导致了全国性的大饥荒,在农业学校的袁隆平和他的学生们同样面临着无时无刻的饥饿威胁。他深切地体会到了什么叫"民以食为天",也深觉自己必须要去做点什么。在当时,"无性杂交"学说正在垄断农学种子界,袁隆平做了许多试验,都没有任何头绪。他开始怀疑这一学说的真理性,毅然决定改变方向,朝着当时被批判的染色体学说进行探索,研究水稻杂交。每每回想起那个时期,袁隆平总是感慨良多,"在研究杂交水稻的实践中,我深深地体会到,作为一名科技工作者,要尊重权威但不迷信权威,要多读书但不能迷信书本,也不能害怕冷嘲热讽,害怕标新立异"。做科研的人不都需要这样的探索精神吗?敢想敢做敢坚持,不断寻求突破,也从不畏惧失败,唯有坚持和信念,可以让我们获得成功,对于普通人自然也是如此。"我如果不在家,就一定在试验田;我如果不在试验田,就一定在去试验田的路上。"这是袁隆平说过的一句广为流传的话,也是他真实的生活写照。袁隆平在最苦、最艰难的时期挺了过来,心中有人民的他终于研制出了第一批超级水稻。从1976年开始,全国推行杂交水稻,到1988年,全国一半的稻田都在种杂交水稻。心中有人民,才能将"为民"两个字写得端端正正,才能将"为民"两个字写得滚烫滚烫。

米兰·昆德拉说:"最沉重的负担压迫着我们,让我们屈服于它,把我们压到地上。负担越重,我们的生命越贴近大地,它就越真切实在。相反,当负担完全缺失,人就变得比空气还轻,就会飘起来,就会远离大地和地上的生命,人也就只是一个半真的存在,其运动也就会变得自由而没有意义。"生命中看似轻淡的瞬间也许会给予我们难以承受的重量,可正是竭力扛起这些难以承受的生命之重,才让我们体会到了生命的真谛。

以"生"之光
唤"命"之热

消防救援作为与人民群众离得最近、贴得最紧的职业，广大消防指战员时时刻刻都以拯救人民群众生命财产安全为第一要务，奋斗在群众最需要的地方，以生命唤生命，甚至以生命换生命。从理解生命、敬畏生命、珍爱生命三个角度诠释生命对于消防职业有深刻意义，能更好地引导广大消防指战员珍爱生命，关注自身可能存在的身体和心理健康问题，并提出可行的解决方法。

一、理解生命

（一）生命的阶段

人们习惯将生命分为三个二十一年，第一个二十一年为成长的阶段，这个阶段可视为人逐渐从外在环境中独立出来的过程，这一过程为生理和心理的发展提供了可能性。第二个二十一年为斗争的阶段，在这个阶段，个体逐渐获得某种身份感，以及在思考和判断方面呈现出某种程度的独立性，关注与建立家庭、开始从事一种职业，并且从生活中得到成功或者在失望中学会学习，在和生活本身的相遇和体验中，逐渐发展出对自身能力或局限的了解，了解如何获得内在的安宁以及心理的平衡，而这正是个体走向成熟的重要标志。最后一个二十一年是智慧形成的阶段，这个阶段，个体有能力去看到生活细节之外的事物，看到更宽广的问题的可能性。生命的发展历程本身就存在着无限的可能。

（二）生命的意义

意义的感知是一系列事情的第一步。而对无意义的感知，往往又是感知意义的前提。

人类对于意义的追寻，其根源是对于死亡的焦虑。因为死亡是每个人都将面对的必然到来的事实，人们深刻地明白：生命是有限的。而生命的底层逻辑设定，让我们不可遏止地渴望永恒。所以说，寻求意义是人的本能，源于对永恒的渴望。死亡带来意义，而非消解意义。

在古代，人们对于永恒的追求，体现在对于死后世界的想象。于是有了各种各样的宗教。宗教的核心是轮回、是最后审判、是来世福报。儒家不讲轮回，但是烦琐的祭祀礼仪，其实质也是对死后世界的默认与安抚。从这个角度看，现代人的焦虑很大程度上是源于死后世界的失落。尼采说：上帝死了。也就是说，来世不存在了，除现世之外的其他可能性彻底地不存在了。那么，永恒还是可能的吗？于是人们需要意义。意义是超现实的，是另一种通往永恒的道路。古人讲不朽。不朽是什么？其实就是对意义的确认。当我们意识到自己所做的事情是有意义的，我们就获得了活下去的勇气。当我们意识到自己的生命是有意义的，我们就暂时地获得了永恒。

(三)生命对消防指战员的意义

1.人民群众的生命对消防指战员的意义

每一个人的生命都很宝贵,作为一名消防指战员,救命于水火、助民于危难是我们的职责和使命。平心而论,面对熊熊烈火、滚滚浓烟,感受着一股股热浪扑面而来,消防指战员也会感到畏惧。但是,救百姓于水火是我们的职责,哪怕前面是熊熊烈火,我们也要冲锋在前。有时候,我们就是在和死神抢人,有时候我们需要拿自己的生命去交换,但即使这样,我们也义无反顾。踏入"红门"那一刻,其实我们已经不属于自己,不属于家人,属于需要我们的人民。我们已经做好了牺牲的准备。之前有报道称,有一名消防员早就准备好了遗书。每次出警回来,我们时常放一些欢快的曲子,不仅仅是庆祝自己保护了人民群众的生命财产安全,同时也庆幸自己还活着。

2.消防指战员对自身生命的认识

每个人都知道生命是可贵的。消防指战员是一个普通的、平凡的人,他们也是父母的掌中宝,是家庭的顶梁柱,亦是儿女心中伟大的父亲、温柔的母亲。他们爱护自己的生命,他们也惧怕死亡,他们也想活得久一点,多陪陪自己的父母、爱人与孩子。我们生活在飞速发展的时代,每个人身上都背负着各种责任,作为一名消防指战员,我们背负着对党忠诚、纪律严明、赴汤蹈火、竭诚为民的使命。无论周围的环境如何纷繁复杂、艰巨险恶,我们都应始终保持着一颗平静的心,坚守职业信仰,不畏艰险,刀山敢上,火海敢闯!生命是脆弱的,灾难具有多样性、复杂性,很多时候面对人民,消防指战员也是一筹莫展,无回天之力。然而,人民对生命的渴望,对生活的向往,要求消防指战员必须具有博大的胸怀,舍小家为大家,练就过硬本领的同时也要学会保护自己。我相信,只要每一个消防指战员都做到自觉严格要求自己,使自己的职业品质阳光化、专业技能过硬化、职业道德规范化,我们的消防工作就一定会上一个新的台阶,也一定会赢得大家的认可和赞扬。让家人支持,让自己的生命价值得以发扬。

3.消防员在危急情况下的生命抉择

消防指战员在处理救援事故时必须有自己的处置方法和战术应用。如果事故处理成功,则一切平安无事。但如果事故处理失误,就会出现形形色色的声音,有的人会指责消防指战员,有的人会质疑消防指战员的专业能力,更有甚者,还会恶语相向,戴着有色眼镜来看待消防指战员。其实对于每位消防指战员来说,他们都真心希望能救出所有被困人员,把对人们生命财产的损害降到最低。

"有速度的青春,满是激情的生命。热爱这岗位,几回出生入死和死神争夺。这一次,身躯在黑暗中跌落,但你护住了怀抱中最珍爱的花朵。你在时,如炽烈的阳光;你离开,是灿烂的晚霞。"这是最近火爆各大媒体平台的消防英雄杨科璋的颁奖词。熊熊大火、滚滚黑烟,生死瞬间,他把两岁女童紧紧抱在怀里,让自己的血肉之躯成为孩子的保护垫。最后孩子得救,他却献出了年轻的生命。在生死关头,杨科璋舍己救人,把生的希望留给他人。他的烈火青春,如流星划过,让人泪目,也让人铭记。我相信,英雄杨科璋代表的不仅仅是他个人,而是消防指战员这个大群体,在面对抉择时,他们会义无反顾、会不顾一切、会冲锋在前!

二、敬畏生命

古人云:"治常生于敬畏,乱常起于骄纵。"我们说的敬畏生命,不仅是一种心灵,更是信仰之本。对于人来讲,生命就是一切的开始和基础。没有生命就没有成长,更不用谈人生。生命的珍贵在于我们对待自己与他人生命的一种敬畏。

(一)敬生命之"韧"

1. 直面内心

生与死,这不是一个陌生的问题,它是老生常谈的话题,有时遥远得甚至让人提不起谈论的兴致。然而,大地震血淋淋的真实境遇、疫情的重重阴霾所牵引出来的生死话题,却重重地击打着我们的心灵。无需华丽的词藻,无需严密的逻辑,只要一个真实的故事,就足以让我们泣不成声。尼采说:"不尊重死亡的人,不懂得敬畏生命。"这是生命的真实力量,需要我们坦然面对。

2.不畏艰险

灾难来临时,很多人猝不及防,死神没有给他们留下太多的机会。但在乱石瓦砾的覆盖之下,生命残存的意志却从未向死神屈服。在困难重重之中,人的生命又释放出坚忍不拔的力量。灾难中消防救援人员以不屈不挠的斗志,激发着受灾者的生命潜能,也磨砺着自己的生命力。在这一场与时间的赛跑、与死亡的抗争中,生命的韧性经受住了考验。

(二)畏生命之"渺"

1.正视生死

面对死亡,人类弱小、无助。与生俱来对死亡的恐惧导致我们总是不愿思考死亡,但死亡是客观存在的,它并不会因为我们的绝口不提就消失不见。尤其是灾难与事故的频发,让我们看到了生命的脆弱,一个个鲜活的生命倏忽而逝。而灾难和事故的发生也凸显了生命的可贵。敬畏生命,因为对于每一个人来说,生命只有一次,失去了生命就失去了一切。正如泰戈尔所言,"死亡之隶属于生命,正如同出生一样",我们必须正视生死。

2.不怕牺牲

水火无情,天津港是消防救援队伍难以抚平的伤痛,敬畏生命才是对8·12天津滨海新区爆炸事故中逝者最好的缅怀。生死关头,消防救援人员用责任、热血和生命刻画了这种世界上"最帅的逆行"。然而,生命是珍贵之物,死是最大的罪恶。英雄们不是不珍视自己的生命,恰恰因为他们太懂得生命的价值才会奋不顾身。

(三)焕生命之"光热"

1.人民至上

人民至上,在保护人民生命安全面前,消防救援人员必须不惜一切代价,他们也能够做到不惜一切代价。那些平常被我们称作英雄的人,也有着自己的生活,他们也要面对家长里短、油盐酱醋,所以他们也只是如我们一般的普通人,当灾难来临时,我们可以不顾一切地去逃难,他们却要抵达第一现场,与灾难面对面战斗。世上从来没有从天而降的英雄,只有挺身而出的凡人。

2.生命至上

舍己救人,以命换命。很多年轻的消防英雄永远地沉睡在最美好的年华,当一个个生命逝去时,人们才意识到消防救援人员不是钢铁之躯。那是什么让他们奋不顾身?到底值不值得?显而易见的是,我们不能简单衡量个体的生命价值,任何人的生命都是最可宝贵的,都没有理由让其随意凋谢。不能简单地衡量值与不值,而要衡量其社会价值。救,是一种生命至上的社会价值观,是社会主义核心价值观坚持以人为本的基本要求。面对生死,没有人会选择无动于衷,救人从来没有值与不值的考量。

我们都应该明白一个深刻的道理。每个人的生命都不可能是一帆风顺的,都可能会遇到一些挫折和坎坷,希望每个人在面临人生的重大考验时,要懂得敬畏自己的生命,更要敬畏他人的生命。人生中最美好的经历,就是面对任何困难时,都能做到勇敢面对、坦然接受,而不是轻言放弃。

三、珍爱生命

(一)保持身体健康

1.影响消防员身体健康的因素

拥有强健的体魄是消防员抢救他人的基础,保持身体健康是巩固提升队伍战斗力的根本保证。对于消防员来说,二十四小时的经常性战备,长期超负荷的训练,灾难救援现场的烟雾、爆炸、坍塌等都会影响消防员的个人安全健康,带来突发的生命安全威胁(火烧、窒息、摔砸、中毒、触电等)和长期的职业健康损害(关节磨损、呼吸道疾病、心脏疾病等),更影响着队伍战斗力的有效提升。

2.保持身体健康的措施手段

(1)阶段性身体检查

没有真正去过火场,是不能体会到消防员是承受着多大痛苦进行救援的。

火场及灾害现场的烟雾、高温、噪声及燃烧所产生的大量有毒有害物质,会给参加灭火战斗的消防员身体造成不同程度伤害,即使配备了全身的防护装备,糟糕的救援环境仍然严重威胁着消防员的身体健康,因此定期的身体检查是十分必要的,一方面可以使消防员对于自身身体情况有所掌握,另一方面可以有效预防重大病症的发生,能够及时发现并得以治疗。

(2)健全完善的轮休制度

消防员们与普通百姓一样,都希望在高强度的工作结束后能够放松和休息,但简单的休息对消防员来说却是奢望,火灾随时都可能发生,人民群众的生命随时都可能受到威胁。

二十四小时经常性战备和高频率接警任务严重影响着消防员的休息质量,极易引起消防员的生理疲劳,长此以往对消防员的心肺功能都是有一定影响的,还有可能导致消防员丧失工作兴趣、消极怠工等情况,这是十分不利于消防队伍的长期发展的。科学合理的轮休制度,能提高消防员的休息质量,让消防员得到充足时间调节自身的状态,缓解长时间紧张的心理和生理状态,让消防员的职业寿命得到延长。

(二)关注心理健康

1.消防员的应激心理和行为

消防员是守护人民群众平安的使者,但他们也是一个个平凡的鲜活的生命,却每天都在生理和心理上突破着自己的极限。火场的诸多创伤因素会诱导他们的应激心理和行为反应。第一种是积极的应激心理,它能够刺激指战员的状态,使身体的各项机能得到充分的调动,发挥自身潜能,从而更好地保护自己和完成灭火救援任务;第二种则是消极的应激心理,在紧急情况出现后,指战员们本能地出现恐惧或者产生紧张感,导致救援活动变得迟缓,甚至出现思维停滞的状态,这非常不利于救援任务的开展。

2.消防员应激心理和行为的成因

研究表明,消防员们产生应激的心理或行为具体有以下三方面原因:第一,灭火救援任务危险性较高。在救援现场往往会出现各种不确定因素,高温、浓烟、爆炸等恶劣的环境也给灭火救援活动带来了较高的风险性。目前大部分基层消防队伍在开展应急反应训练时，更注重理论教育而忽视了实践锻炼，因此消防员在实战过程中，无法熟练地面对、处理产生的消极心理，从而可能对灭火救援任务的完成产生影响。第二，受到功绩观的影响，在实际任务执行过程中，"只准成功不准失败"等不当的作战指令所包含的心理暗示会给消防员们带来巨大的心理压力，尤其是年轻消防员救援经验较为缺乏，在面对凶猛火情的时候心理建设不足，可能会做出鲁莽的决定，不仅不能很好地完成任务，反而会严重威胁自己的生命安全。第三，火灾救援一般险情较重，持续救援时间较长，在这个过程中消防员体力的严重消耗、体能的逐渐减弱也会给他们的心理造成负面影响。

3.调节消防员应激心理和行为的方法

（1）重视心理健康，设立心理健康服务机构，维护消防员的心理健康水平。据了解，就全国消防救援队伍心理健康机制建设现状来看，心理工作尚处于起步阶段。基层队伍的心理疏导和心理咨询服务基本属于空白，一般是被基层的政治指导员开展思想政治教育所涵盖，而心理学较思想政治教育是一门更加专业更加系统的学科，基层指导员的水平往往达不到要求。但消防职业的特殊性要求我们务必提高对消防员心理健康的关注。如果能够完善心理工作实施开展的机制，组织建立基层心理工作中心，配备更加专业的心理咨询师或与地方心理组织机构合作寻求心理咨询服务，将有效解决消防员群体的心理问题。

（2）组织增强心理素质的训练，提升危险情境下的遇事处理能力。心理训练是目的性明确、有意识锻炼消防员认知能力和心理韧性的训练，保证消防员在紧张、困难、危险、劳累情况下也能顺利完成任务，对舒缓心理压力，维持情绪稳定和提升心理健康等有所帮助。最好将这种训练融入消防员们的日常技能训练中，可以利用高空作业（例如攀登挂钩梯、滑绳自救等一系列的训练方式）等锻炼消防员的心理素质，力争能够更好、更有效地提升心理素质和应变能力。

（3）建设积极愉悦的环境，完善队伍的成长氛围。文武之道，一张一弛。在紧张且忙碌的工作之余，应该适当开展健康的、愉悦的、有节制的业余文化活动，帮助促进消防员的身心健康发展，缓解他们的心理压力，对日常工作、生活起到调节作用，对释放、缓解、消除疲劳和陶冶情操有所裨益。创造一个轻松愉悦的环境,可以更有效地使消防员们转移注意力、缓解工作之余的心理压力。这一点是不可忽视的,这不仅可以提升消防队伍整体素质,丰富消防队伍的文化生活,还能增强消防队伍的凝聚力。

(三)树立正确积极的生死观

孔子说:"未知生,焉知死。"在我国的传统思想文化里,一向比较忌讳谈及死亡。死亡是一件不好解释和神秘的事,然而死亡却又是每时每刻发生的事情。对消防员来说更是近在咫尺,猝不及防地就发生在他们身上或发生在他们身边。所以如何引导消防员以积极的心态看待生死,形成乐观正确的生死观是我们作为未来指挥员应该必备的能力之一。

1.培养消防员高度的责任感

消防员是一个特殊的职业,是向"死"而行,却又携"生"而归。消防员的工作往往是自身面临着生命危险,去保护国家以及人民群众的生命财产安全,这是作为一名消防员应有的高度责任感:将自己的生命置之度外,为自己的工作职责不惜牺牲自己的生命!

消防员进行灭火救援的危险系数较高,如果消防员没有高度责任感,那么在工作中遇到危险就会退缩,不能完成任务,会造成更多生命与财产损失。因此对消防员的责任感的培养是完成各项任务的前提和关键。

2.建立良好的人生观和价值观

新进消防员受教育程度和家庭成长环境不同,素质参差不齐,可能也有较为复杂的入伍前经历。多种成分并存、社会意识多元化较为突显,价值取向呈现复杂多样的特点。所以一定要弘扬以爱国主义为核心的民族精神和以改革创新为核心的时代精神,让他们树立和实践好社会主义核心价值观,学习国家综合性消防救援队伍的根本职能,培养英勇顽强、不怕牺牲的战斗作风,强化刀山敢上、火海敢闯的战斗精神,忠实履行职责使命。

3.将安全施救理念贯穿于各类救援当中

消防员的职责本应是"以命唤命",而不是"以命换命"。然而现阶段,消防队伍中存在过度强调奉献精神的情况,并在牺牲奉献观念的影响下,多数消防员在救援过程中对自身安全重视程度、自我防护意识不够,这大大增加伤亡事故发生的概率。因此在灾害事故现场要冷静,大胆研判、全面分析救援事故过程中的危险因素,从亡人事故中总结经验教训。此外,还需要加强消防员的安全教育,强化自我防护意识,在保证自身安全前提下,最大限度地保障人民的生命财产安全。

  总之,引导消防员对生命形成正确的认识和态度,更有利于队伍履行职责使命,更有利于保障消防员进行训练和执行灭火任务时的安全。同时,我国消防员所承担的灭火救援任务复杂且繁重,对自身的身体素质要求极高,常常要完成超越身体极限的训练和任务,但由于职责使命的驱使,部分消防员选择隐忍伤病进行训练。更值得一提的是,大部分消防员并没有重视自身可能存在的心理问题。我国消防员作为维护人民生命财产安全和社会稳定的践行者,时刻与人民群众的生命打交道,对消防员来说,生命因职业承担的风险挑战而更有分量。教育消防员提高对自身身体和心理健康的认识,对提高队伍整体素质、积极应对挫折与应激、增强心理稳定性是非常必要的。

生命的追寻

对"生命的追寻"的探讨,是自人类社会形成以来长期存在的话题。不同的学科领域、不同的流派学说,对这个命题给出了相应的标准和定义。我们出生在国家富强、科技发达的年代,我们也有自己的使命和追寻。未来十年我们能成为什么样的人,我们能否有自信成为更具创造力的青年,源自我们对世界的理解,源自对生命的探索,更源自祖国强大给我们带来的追寻自我人生的物质条件和精神底气。

于个体而言,要找到属于自己的生命的追寻这一话题的答案,首先要明白什么是生命,理解生命存在的意义和价值,然后去追寻这种意义和价值。对于消防救援队伍而言,因为职业的特殊性,对于生命意义和价值的认识又需要有更加深入的理解和思考。

一、生命的意义与价值

生命意义最早出现在哲学领域,后由奥地利学者弗兰克尔引入心理学中。他认为,每个人一生中都在不断地追求生命的意义。这一观点引起了众多心理学家的关注,生命意义逐渐成了心理学研究的一个重要领域。

(一)生命意义的维度

不同学者对生命意义有不同的定义,主要分为单维度定义和多维度定义。单维度定义分别从认知和动机两个不同角度进行,多维度定义是在综合认知和动机两个角度基础上形成的。生命意义包括生命意义体验和生命意义追寻两个维度。社会支持包括家庭、朋友和重要的他人三个维度。社会支持和生命意义都包含多个维度,以往研究忽略了社会支持的不同维度和生命意义不同维度之间的关系,导致学者们对这两者的关系缺乏深入的了解。本篇从生命意义和社会支持的各维度出发,研究社会支持对生命意义的影响,更有助于我们深入探讨社会支持与生命意义之间的内部关系,为提高生命意义的方法和措施提供理论指导。

(二)生命意义的含义

生命意义是个体对自身存在价值的认知,并为自身存在的目标、价值不断追求的过程,以及在此过程中获得的体验。在此基础上,中国所进行的生命意义教育即是在社会主义核心价值观的指引下,用教育的理念和方法,引导学生获得生命意义的体验,追求人生目标,实现生命价值。

(三)生命的无意义与有意义

有人说:"若人类生命根本只在此七尺肉体短促的百年之内,则人生之意义与价值究竟何在?此实为人生一最基本绝大问题。"从人体的生物性角度出发,生命是瞬间的存在而终归虚无,这一不可改变的自然宿命,决定了人生的结局注定是"无意义"。单就自然生命的终结而言,个体生命的确是无价值的。

但生命毕竟存在过,虽然是瞬间的存在,生命的价值恰恰就产生于瞬间存在这一过程中。

生命的意义在于瞬间的存在,并以于瞬间创造的价值体现生命的存在或证明曾经的存在。因此,可以说生命的根本意义体现于价值的创造,人就是通过价值的创造与实现而改变生命的"生物性无意义"的。因此每个个体生命,不能仅仅视作一个自然存在,而应是价值创造的存在。创造生命的价值,就是在时间的生命之流中塑造个人的生命。

二、消防救援人员的生命在职业中的意义

(一)生命的意义在于奉献

长期以来,一代又一代消防人为了消防救援事业,弘扬赴汤蹈火的战斗精神,把青春奉献在执勤战备岗位上。在灭火救援战场上,为维护国家和人民生命财产安全、促进经济社会发展,他们谱写了一曲曲忠诚使命、献身使命、不辱使命的牺牲奉献之歌。消防救援队伍承担着防范化解重大安全风险、应对处置各类灾害事故的重要职责,必须把赴汤蹈火作为消防救援队伍打赢制胜的战斗精神,在工作实践中薪火相传,发扬光大。

一是敢打必胜的英勇作风。敢打必胜是要有敢于刺刀见红、不怕流血牺牲的大无畏精神,敢于以弱胜强的打赢信心。灾害事故对消防救援指战员来说是无言的"敌人",消防救援队伍弘扬战斗精神,就是要把敢打必胜作为始终不渝的坚定追求,无论灾害事故现场多么复杂和危险,都要迎难而上、勇往直前。灾害事故具有突发性、偶然性和不确定性,很难对其发生和发展做出预判,这就要求消防救援队伍必须发扬召之即来、战之必胜的英勇作风,激发敢打必胜的战斗热情、血性胆气,增强打赢制胜的信心和力量,不论应对多么复杂和危险的灾害事故,都能够在瞬间做出正确的判断,用最佳的作战方案、过人的技能赢得胜利,把灾害事故的损失和影响降到最低。

二是不畏艰险的意志品质。不畏艰险是一种不畏惧任何艰难险阻,无论遇到多么难以忍受的困难,都知难而进、迎难而上,决不被任何困难所吓倒的意志。古今中外,各国军队无一不把不畏艰险的意志品质作为军人必须具备的重要素质。消防救援队伍在各类灾害事故处置中,面对异常危险和恐怖的灾害现场,都要始终坚守阵地,迎着危险往前冲,无论任务多么艰巨、环境多么恶劣、条件多么艰苦、情况多么危险,都要临危不乱、英勇顽强、从容应对。同

时,火灾、地震、爆炸、洪灾等严重灾害事故的处置,需要消防救援指战员长期连续作战,只有具备不畏艰险的意志品质,才能完成好任务。无数次的实践证明,消防救援指战员只有具备了不畏艰险的意志品质,才能在灭火救援、重大灾害事故处置、重大活动安保等任务中,始终把保护国家和人民生命财产安全放在第一位,想方设法创造条件,攻坚克难、任劳任怨,坚决完成党和人民赋予的职责和使命。

三是不怕牺牲的英雄气概。不怕牺牲,就是"刀山敢上、火海敢闯",无论遇到多么艰巨的任务和多么危险的环境,都毫不畏惧,毫不退缩,关键时刻不惜牺牲个人生命。不怕牺牲是消防救援队伍的精神风貌和职业道德情操的具体体现,是爱国主义、集体主义和革命英雄主义的高度统一,是消防救援队伍优良传统和时代精神的高度统一,是消防救援指战员实现人生价值的原动力。不怕牺牲的英雄气概不是与生俱来的,是消防救援队伍在灾害事故处置作战中经过艰险磨炼而逐步养成的。消防救援队伍要把不怕牺牲的英雄气概作为道德品质最重要的组成部分,把热爱消防救援事业的情感转化为实际行动,把苦练业务本领的吃苦精神变为灭火救援的不竭动力,切实做到在复杂多变的灾害事故面前勇往直前、义无反顾。不怕牺牲的英雄气概是建立在科学施救、科学处置基础之上的革命英雄主义与科学精神的高度统一,要求广大消防救援指战员必须在危急关头沉着应对、冷静处置,绝不能一时冲动,逞一时之勇,不顾客观条件地盲目蛮干,造成不必要的伤亡和无谓的牺牲。

(二)生命的意义是永不放弃生的希望

巴金曾写道:"生命的意义在于付出,在于给予,而不在于接受,也不在于索取。"作为一支来自人民、根植人民、服务人民的党领导下的人民队伍,每当重大灾害骤然而至,人民群众面临危难,消防救援队伍总是迅即出动,火速驰援,承担着最艰难的任务,战斗在最危险的地方,舍生忘死、勇往直前、拯救生命、保民安全。

一是救民于水火。水火无情人有情,长期以来,消防救援队伍始终以誓言如山的责任担当和大无畏的英雄主义气概,视人民的安全、群众的期盼为使命,全力以赴战斗在保卫人民生命财产安全的最前沿阵地。在烈焰肆虐并充满爆炸危险的火灾现场,义无反顾、赴汤蹈火,一次次抵近进攻,最终将大火扑灭;当洪水暴雨来袭时,一往无前、砥柱中流,以希望对接希望,用身体架起了一座座生命的桥梁。

二是助民于危难。哪里有群众的求助声,哪里就是消防指战员的战场。在大灾大难的紧急时刻,消防救援队伍始终把人民利益高高举过头顶,地震救援现场,争分夺秒,最大限度地抢救人员生命;滑坡、泥石流等重大灾害事故面前,强力突击、摧坚拔难,最大限度地保护人民生命财产安全;在人民群众最困难、最需要的时候,用铮铮铁骨、拳拳爱心,同灾难进行顽强的抗争,用大爱情怀,与灾区群众一起抢险救灾、重建家园,谱写了一曲曲鱼水情深的动人赞歌。长期以来,一代代消防指战员,虽然成长时代不同,工作环境不同,执行任务不同,但有一点高度一致,那就是在危难之时,他们始终用忠诚、热血甚至牺牲,为人民构筑了一道永远冲不垮的橙色生命防线!

三是予民以力量。民之所忧,我之所思;民之所思,我之所行。长期以来,消防救援队伍始终坚持在每一个灾难现场、每一个危急时刻、每一次监督执法、每一次安保执勤中,站稳人民立场,落实人民要求,维护人民利益,给人民以希望和力量。消防救援队伍始终把人民群众作为最高价值主体,时刻心系群众、关心群众,自觉做到人民利益无小事,以全心全意的态度认识人民利益、维护人民利益、发展人民利益,通过扎实开展各种爱民实践活动,深入走访群众,了解群众疾苦,听取群众呼声,实实在在地为群众排忧解难,力所能及地帮助群众解决生活中的困难,努力在一点一滴中增进同群众的感情,赢得群众的支持和信任。

(三)生命唯有忍耐和坚持,才能创造辉煌

回顾消防救援队伍波澜壮阔的发展历程,可以清楚地看到,长期以来,特别是党的十八大以来,在习近平新时代中国特色社会主义思想指引下,在党中央、国务院以及地方各级党委政府的坚强领导下,广大消防救援指战员始终怀着对党和人民的无限忠诚,不忘初心、牢记使命,勇于担当、甘于奉献,泰山压顶不弯腰,生死面前不退缩,用汗水、鲜血乃至生命谱写了一曲曲赴汤蹈火、感天动地的英雄赞歌,创造了无愧于党、无愧于祖国、无愧于人民、无愧于时代的光辉业绩。

一是在承担扑救火灾任务中浴火而生。中国消防历史悠久,防御火灾作为消防专业队伍的主责主业始终没有变。中华人民共和国成立以来,虽然消防管理体制经历了几次大的变动,但消防队伍防范火灾、抗御火灾的使命任务始终

没变,赴汤蹈火的战斗精神始终如一。近20年来,我国发生了多起造成众多人员伤亡和巨大财产损失的特大火灾。消防救援队伍正是在一次次与火灾的浴血战斗中,日益受到各级党委政府和人民群众的重视和关注,队伍建设正规化、职业化、专业化水平得到逐步提升。随着队伍的发展壮大,一代代消防指战员在党和政府的领导下,敢于赴汤蹈火、无畏牺牲奉献,为保护国家和人民生命财产安全作出了突出贡献。据统计,当前中国平均每年火灾死亡约2 100人,而总人口与中国相当的印度平均死亡人数为20 000人,是我国的10倍,即便是消防职业化程度较高的美国每年因火灾死亡人数也有5 000人,是我国的2.3倍。如果以每十万人火灾死亡率计算,中国是全球最低的国家之一。中国能保持如此低的火灾死亡率,与长期以来广大消防救援指战员365天不间断24小时随时出动,防火监督、排查隐患、枕戈待旦、履职尽责,有着密不可分的关系。

二是在日益艰巨的灭火战斗中逆火而行。人类历史证明,随着经济社会的发展,火灾及其危害也呈不断增长的特点。改革开放40年来,我国的经济社会发展实现伟大变革,工业化、信息化、城镇化、市场化、国际化步伐加快。化学工业、石油工业、核工业等行业不断发展,新技术、新产品、新工艺、新材料广泛应用,传统和非传统火灾隐患交织叠加,消防救援队伍组织指挥灭火战斗的复杂性和艰巨性愈发凸显。当前,我国火灾高风险的城市和低设防的农村并存,全国城市高层建筑、地下工程开发使用、10万平方米以上的大型综合体、各类化工和易燃易爆企业等"高低大化"的高危单位多,一旦发生火灾,灾情危险性大,处置难度大,对消防救援队伍灭火扑救攻坚能力、火灾事故处置能力提出了新的更高要求。从2008年到2018年的10年间,我国火灾起数不断增长,火灾直接财产损失也不断增加。火灾防控任务异常艰巨繁重,而专业消防员数量并没有相应增加。消防救援队伍坚持向有限的执勤灭火力量要战斗力,深化练兵备战演练、推动器材装备升级、大力培育战斗精神,不断提升队伍打赢制胜本领,维护了社会火灾形势的总体平稳,有效遏制了群死群伤恶性火灾事故的发生,赢得了党和人民的充分信赖和广泛赞誉。

三、对于生命意义的积极求索

(一)坚定理想信念,乘风破浪不迷航

理想信念是共产党人的精神之"钙",消防救援队伍作为党绝对领导下的综合性常备应急骨干力量,承担急难险重任务,必须具有坚定的理想信念和甘于牺牲奉献的崇高思想境界,更应该加强思想政治建设,刻苦学习政治理论,牢记党的宗旨,积极投身实践。对于年轻干部,一定要对"国之大者"心中有数,多打大算盘、算大账,少打小算盘、算小账,善于把地区和部门的工作融入党和国家事业大棋局,做到既为一域争光、更为全局添彩。这样有利于在我们产生困惑、感到迷茫时,能够拥有正确的引导方向,在我们面对道德问题、进退两难之时,能够敢于做出正确选择,人生不会一帆风顺,积极的人生需要我们自己去摸索,山再高,往上攀,总能登顶;路再长,走下去,定能到达。面对人生新征程,我们更应该情系国家、胸怀天下,同人民一起拼搏、同祖国一道前进,做堪当重任、奋发有为的新时代青年。

我们必须坚持以人民为中心的根本立场,以对理想信念矢志不渝的坚定追求,培育为党和人民利益忘我奋斗的思想情操。要牢固树立宗旨意识,深入开展"不忘初心、牢记使命"主题教育,筑牢服务人民、保民平安、为民奉献的思想根基,把"永远竭诚为民,自觉把人民放在心中最高位置,把人民褒奖作为最高荣誉,在人民群众最需要的时候冲锋在前"落到实处。要始终坚守坚韧不拔、百折不回的意志品质,任劳任怨、尽心尽力,甘愿当好党和人民的"守夜人",为维护人民群众生命财产安全而英勇奋斗。

(二)奠定扎实基础,蹄疾步稳不张扬

习近平总书记在中央党校中青年干部培训班开班式上发表重要讲话强调:"年轻干部生逢伟大时代,是党和国家事业发展的生力军,必须练好内功、提升修养,做到信念坚定、对党忠诚,注重实际、实事求是,勇于担当、善于作为,坚持原则、敢于斗争,严守规矩、不逾底线,勤学苦练、增强本领,努力成为可堪大用、能担重任的栋梁之材,不辜负党和人民期望和重托。"根基不牢,地动山摇,这是不变的道理。强基固本,要进一步提高站位,转变观念,思考自己的优势和短板,既要眼睛向内,发现自身问题,找准症状对症下药;也要眼睛向

外,跟先进比一比,结合实际看一看,通过对比让短板立观,通过对比提升自我。我们要带着"胸怀壮志、明德精工、创新包容、时代担当"的品质,坚定迈向人生新目标。

面对严峻复杂的灾害事故,消防救援队伍执行综合性救援任务的能力短板尤为突出,面临的任务将更加繁重,要打的大仗越来越多,对能力水平的要求越来越高。因此,必须始终保持本领不足的危机感,加快推动队伍转型升级,脱胎换骨,浴火重生。要在思想观念上来一次大提升,深入贯彻风险管理和综合减灾理念,不等灾情出现才出击,而是主动防范化解重大安全风险,全程管控风险;不限单一灾种防范救援,而是应对处置各类灾害事故,遂行多样化任务。

(三)坚守初心使命,大步向前不畏难

"行百里者半九十。"我们今天所处的,正是船到中流浪更急、人到半山路更陡的时候,是愈进愈难而又不进则退的时候。在人生的道路上,不要畏惧,不要退缩,路上有荆棘,我们便披荆斩棘,再大的困难,我们也要尽全力拼搏。梁启超曾说过:"今日之责任,不在他人,而全在我少年。少年智则国智,少年富则国富,少年强则国强。"重任在肩,担当使命的我们不应该忘记那颗为了祖国繁荣昌盛的赤子之心,不应该忘记那颗吃苦耐劳、顽强拼搏的敬业之心,也不应该忘记那颗不畏困难、坚韧不拔的战斗之心,更不应该忘记那颗勇于牺牲、为国为民的奉献之心。既然选择了竭诚为民,便只顾风雨兼程。

四、结语

引用电影《心灵奇旅》中的一句话作为总结:"当你想要生活的那一刻,火花就已经被点燃。"生命的意义听起来是非常深奥的东西,却蕴藏在我们每一天的生活中。积极地生活,去体验独属于自己的人生,体验每一片落叶落下时带给你的细微触动,你就能体验到生命的意义所在。

唤醒生命的力量

一个人的生命到底如何度过才有意义？有的人贪图享乐，有的人苦心修炼，有的人碌碌无为，有的人心里有明确的目标，有的人在却在心理冲突和矛盾中度过一生。回首我们身边，奥运健儿、戍边英雄、救援官兵，哪一个不让我们热血沸腾，哪一个不让我们仰望赞许。"此心光明，亦复何言。"让无数人泪流满面，真正的人生，就是历经磨难后的"醒悟"，淬炼心灵品质，开发心灵力量，我们每个人都需要找到唤醒生命的力量。

一、唤醒生命的力量对我们有着重要的意义

首先我们要知道什么是生命。生命是在宇宙发展变化过程中自然出现的,存在一定的自我生长、繁衍、感觉、意识、意志、进化、互动等丰富可能的一类现象,生命是人生存和发展的根本,我们要学会如何"活着"并向丰盈的生命转变。就未来的发展可能而言,人工制造或者促成的机器复杂到一定程度,具备了某种符合生命内涵的基本属性时也将可能被纳入生命的范畴,包括人机混合体,纯自由意志人工智能机器人等。另外,就目前保守的生命定义而言,认识生命、珍惜生命、热爱生命,是自然演化而成的生命具有较为显著的分形特征,而这一特征在目前界定的非生命自然现象中普遍存在。广义的生命泛指变化和运动,狭义的生命指有机生物体,狭义的生命只是广义的生命中的一种类型。一切都在变化和运动,所以从广义的角度来讲,一切都是有生命的,宇宙也是有生命的,在不断变化发展。

(一)生命的生理唤醒和心理唤醒

生命的潜力需要被唤醒,唤醒可分为生理唤醒与心理唤醒。传统的唤醒概念主要是生理唤醒,指的是生理的激活或自主性反应。伴随情绪与情感发生时的生理反应,它涉及一系列生理活动过程,如神经系统、循环系统、内外分泌系统等。心理唤醒是个体对自己身心激活状态的一种主观体验和认知评价。心理唤醒不仅包括负性的心理唤醒,也包括正性的心理唤醒。

人们发生的任何情绪变化都伴随着一系列的生理变化,这种生理变化反过来促进或抑制这种相应的情绪体验。20世纪80年代,艾克曼等研究者邀请多名人员进行实验,他们用面部肌肉来表达愉快、发怒、惊奇、恐惧、悲伤或厌恶等情绪,同时给他们一面镜子以辅助他们确定自己面部表情的模式,要求他们把每一种表情保持10秒钟,并对他们的生理反应情况进行测量。结果表明,各种面部表情的生理反应存在明显差异。保持发怒和恐惧的表情时,被试者心率会加快;保持发怒的表情时,被试者的皮肤温度会上升;保持恐惧的表情时,被试者的皮肤温度则会下降。这些生理变化都是由情绪的变化引起的。

一个人,想要让生命觉醒,就要牢记自己是一个生命。保持对生命的敏感,经常倾听内心的声音,满足内心的需要。一个人活在这个世界上,首先是一个活着的生命的存在,其次是一个生命个体,也就是和其他个体区分开的自

我的存在,最后还是一个精神的存在,也就是精神意志。

唤醒一个人内在的力量,让一个人的生命、自我和意志觉醒,主要依靠自己去发现、去寻找、去探索。当我们意识到自己是一个生命,一个活着的生命,并享受当下的时候;当我们意识到自己是唯一的自我,一个独一无二的存在,并开始对自我负责的时候;当我们意识到自己是一个拥有意志,一个超越"小我"的"大我",并可以不依靠理性去思考的时候,我们便唤醒了自己内在的力量。

在这个时代,很多人都有着心理问题、心理困惑,很多人都不知为何而活,很多人都没有主心骨,究其原因,更多的是由于自我认知开发上的不足,导致建构能力不足,对生命的最美好的一面也就没有办法去挖掘。所以唤醒生命对这个时代的价值与意义尤其重要,我们需要正确地去面对生命、触摸生命。

(二)唤醒生命对自我及家庭生活的重大影响

鸡蛋,从外打破是食物,从内打破是生命。人生亦如是,从外打破是压力,从内打破是成长。一个人,只有内心有了成长的渴望,才会唤醒生命的自觉,才能听到生命拔节的声音。生命的每一次唤醒,每一段旅程都是一场修行。我们从根源上了解自己、积聚智慧,才能在生命里不作假,让我们的人生更通透。每个人都需要读懂自己的内心世界,清晰了解自己的生命轨迹由何而来。当个体的生命被唤醒后,我们可以有更饱满、更自信的心态面对生活;我们可以改善家庭关系,让家庭更和睦;我们可以协调好自我与周围人的关系,多些包容、少些计较,不断地完善,让自我的认知水平更强,使自己唤醒生命的力量更加富足。

其实,生命对每个人而言,都是一堆拥有巨大能量的木柴,很多时候,内在的光和热,等待的只是一根小小的火柴。唤醒自己,让生命充满意义,在每天都唱响让生命拔节的声音。所谓意义,就是价值,就是被需要的存在。试想在一个家庭中,我们因为家人的需要,而开心地去奉献,去担当;在工作中亦如此,我们因为岗位的被需要而变得有意义。

(三)唤醒生命所带来的时代价值

对生命的唤醒也是一种全人教育,它涵盖了我们从出生到死亡的整个过程和这一过程中涉及的各个方面,既关乎人的生存与生活,也关乎人的成长与发展,更关乎人的本性与价值。唤起生命的潜在力量可以让我们直面生死问题,让我们学会尊重生命、理解生命以及生命与天人物我之间的关系,从而学会积极地生存、健康地生活和独立地发展,并通过对生命的呵护、记录、感恩和分享,获得身心和谐、事业成功、生活幸福,最终实现自我生命的最大价值。

常言道"时势造英雄",每个时代都会赋予个体生命特殊的意义,会驱使其奋力地向前发展,个体反过来也会影响时代的整体价值导向,所以唤醒一个生命会带动更多的生命被唤醒,从而影响整体的时代意义。时代意义就是对当时的影响,历史意义就是某个事件对后世的影响,时代意义和历史意义是统一的,功在当代,利在千秋,就形成了特有的时代价值感。希望大家都可以用生命影响生命,用生命唤醒生命,用生命激发生命的能量,即使身处泥潭深渊,也一定会创造奇迹!

二、个人成长和群体凝聚是唤醒生命力量的源泉

对于一个个体的成长而言,个体的生命唤醒尤为重要,且是需要持续激活自我的,如果我们懂得自我内在力量的来源,或许就明白力量来自打开自己,当我们持续打开自己的时候,我们才能收获持续成长的智慧和成长的快乐,这种逐渐打开的过程可以被看作越来越聪明的过程。

(一)力量1——承认自己的无知

真正的成长来自承认自己的无知。一个人如果内心认为自己很聪明,很厉害,那么往往并不是真正的聪明。一个真正聪明的人,越学习得多,越知道知识是永远学不完的。笛卡儿曾说过:"越学习,越发现自己的无知。"聪明来自我们内在对学习的心态,懂得空下来,随时随地颠覆自己。当你知道自己不知道的时候,某些时候也是一种聪明。

真正的智者会懂得知道自己的不足。好的聪明来自对自我的充分了解,更懂得去敬畏,我们才不会犯下大错。真正的聪明是懂得静下来,和环境融合为一体,就是最大的学习。学习其实从来不是一个孤立的过程,学习是一个懂得和环境融合的过程。

我们越懂得融合环境,就越能在环境中适应。承认自己的无知是我们学习的基础,更是我们变得聪明、唤醒生命的关键。如果我们不再认为自己很厉害的时候,而是懂得时刻谦卑下来,那么我们就会在每天的成长中迭代自己,从而收获更好的自己。

(二)力量2——祛除内心的恐惧

在打开自己,试图唤醒个体生命的历程中,还需要懂得祛除内在的恐惧。从心理学的角度来说,恐惧可以适当地保护我们,但是恐惧的情绪多了,就会阻碍自我探索。

在生活中,你也会发现,那些灵活的人之所以聪明,从本质上来说,也是来自大量的行动。行动是产生智慧的要点,更是突破内在恐惧的要点。恐惧大都来自人类本能。但是当我们懂得恐惧来自头脑中的无知时,懂得去分析恐惧的源头是什么时,懂得化解恐惧的根源时,往往就能变得聪明大胆起来。

真正的聪明和大胆建立在我们充分了解的基础上,更建立在对系统的认知上,我们越懂得系统的知识,就越不会被恐惧所袭击,自然行为和决策也会趋于聪明。通过我们持续学习,懂得化解内在的恐惧,每个人的头脑都有小怪兽,当我们能够一次次化解头脑的小怪兽时,我们内在就会变得更为灵动。聪明和我们的神经元也有很大的联系,心理学发现,当一个人的神经元连接越多的时候,他越能触类旁通。而一个人神经元连接得越少,越容易形成自我狭隘。打破头脑的怪兽,其实就是帮助我们神经元建立广泛的连接,我们的头脑才会越来越聪明。每个人都需要明白,我们内在生命的打开,更多来自我们持续的跨越和打破偏见的过程,个体的生命才会逐渐被唤起内在的力量。

(三)力量3——追求自我实现

真正的成长从不是和别人比较的过程,真正的成长是激活自己内心的动力,是内在的渴望让我们持续超越。我们经常说一个人是沉睡的狮子,说明每个人内心都有着巨大的力量。

聪明的人懂得唤醒自我的内在力量,更懂得调动我们生命的积极性。生命的积极性来自我们内在对生命的渴望,我们想要去哪里,我们想让自己成为什么样的人。

聪明来自我们对生命的渴望,更来自我们对生命的呼唤,对阶层的逾越。当我们内心深处有这样的动力时候,我们才会持续跨越自己,变得越来越好。自我成长的动机是激活自我潜能的关键,也让我们看到不一样的自己。人在一个环境久了,对自我总是多少充满怀疑的,而找到自我的成长动机,往往能调动所有的资源。当一个人内在的力量被唤醒后,充满就成为一个自动自发的过程。人最忌讳的是小聪明,真正的大聪明是调动生命的力量,用生命的力量去拼搏去努力,自然而然生命的力度就不一样。

除了个体成长以外,源自社会层面的心智唤醒力量有着更复杂的意义,其中涉及复杂的协助与分工,那么团队就是一个小的社会,在这种社会团体或群体中的工作中,要找到一种启发心智、提高效率的唤醒力量,可以对社会及个人产生深远的影响。

(四)力量4——唤活团队的使命感和原动力

就团队而言,旺盛生命力的体现就在于使命感和原动力。如何唤醒和激发团队的使命感和原动力?或许可以把这个问题拆开来看:什么是团队?什么是使命感?什么是原动力?什么是唤醒和激发?最直接的理解是团队由个人组成;使命感是要做什么,原动力是为什么要做。每个人来到一个团队,都有他想做的事,也都有其各自的原因。我们不必告诉别人他的终点在哪里,只需要提醒包括自己在内的每个人,请记得自己的起点,牢记自己的出发点。

是什么?为什么?怎样做?或者说,愿景、使命、价值观。这些都是需要不断去思考,不断去澄清的问题。要领导者自己思考,也要引导团队成员思考。只有团队内的所有成员领悟到这些追求并产生认同,才成为一个真正的团队,获得更多推动工作完成的动力。不要觉得这些抽象的思考与讨论是浪费时间,在一起不断思考与澄清的过程中,团队成员可以逐渐深化了解自己和彼此的初心,而团队也逐渐凝聚共识,最终拥有共同的追求和动力。

团队中总会有不同的岗位、不同的角色,有的角色看起来比另一些角色更重要或更不可替代。担任不同角色的成员难免会对自己在团队中的重要性有不同的认识,比如常见的情况是执行者有时觉得自己不如智囊团重要。但事实上团队中每个角色都是重要且不可或缺的,每个人都有自己擅长的,擅长逻辑思维的未必擅长动手,会写文章的可能不擅长演讲……只有团队中的每个人找到适合自己的角色并互相配合,才能高效达成目标。

团队成员需要的不是被赋予和被灌输,而是唤醒和激发。每个人都有自己的答案,我们要做的是慢慢梳理和澄清从问题到答案的那条路。各个团队价值追求不同工作作风不同,可以作为激发资源的共同记忆也不同,究竟通过哪条路去唤醒和激发,我想每个团队有最适合自己的答案。唤醒和激发团队的使命感和原动力,首先要唤醒和激发各个成员自己的使命感和原动力,让成员找到自己坚信的事情。因为只有说和做自己坚信的事情,才会对他人有感染力,只有真正从心里流淌出来的,才能促发自己积极地做事。

(五)力量5——唤醒社会群体向上生长的活力

对于问题人群,我们不能放弃,要使他们直面人生逆境,帮助他们摆脱羞耻感,引导其实现理性的问题归因,以客观的态度看待问题及其带来的影响,既要外化问题,把问题当作一个外在的敌人,而不是把自己当成问题。

在社会层面,不断解决问题,形成新的规范,并身体力行地去教育、去宣传,是可以唤醒相同人群的心智的。比如一个身经百战的消防员将他的战斗故事讲给别人,也是重新诠释生命意义的过程,强化着生命故事对自我及他人的触动和激励。

三、消防救援人员对唤醒生命的职责体现

国家综合性消防救援队伍是一支来自人民、为人民所需要、为人民而战斗的队伍。在人民群众最需要的时候冲锋在前,救民于水火、助民于危难、给人民以力量,是消防救援队伍的价值体现所在,消防救援人员对唤醒生命的重要任务时刻都在进行着。

(一)对生命躯体的拯救与唤醒

消防救援人员的第一要职就是救人于水火。每当空气弥漫着呛人的烟气时,总会看见灯光晃动,人影穿梭。

广西玉林火场内,五楼坠落怀中仍紧抱女婴的杨科璋;汶川地震救援现场的一道道橙色卫士;天津港爆炸时一个个无畏牺牲的勇士;河南内涝中全国各地赶往现场救援的救援人员和自发的平凡英雄……这些数不尽的救援行动,

不仅是对被困人员生命的救援,更是对"救生"信念的坚守和践行,这些事迹一次次震撼着我们的心。曾经有这样一个真实的故事,在一次火场救援任务中,攻坚组应用破拆工具对门体进行破拆。门被打开时,一股浓烟随即喷涌而出,中队干部带领战斗班长一边内攻灭火,一边搜索被困人员,已经被浓烟呛得昏迷的大娘和她的孙女很快被发现,中队干部一边抱起孩子,一面高声喊叫。小女孩是在卧室被发现的,由于卧室并未开窗,烟气的浓度很高,女孩当时脉搏极弱、自主呼吸基本停止,情况十分危急。此刻,楼道昏暗的光影中,消防员用尽所学,执着地对小女孩实施"心肺复苏术"。他每按压一下,就数出数来——让施救动作更规范,也让自己不要过早地失去把女孩救活的信心。3分钟,300余次胸外按压,40余次人工呼吸,9岁女孩幼小的心脏被逐渐唤醒,脉搏越来越强劲,被浓烟熏黑的鼻子里缓缓呼出了热气,最终小女孩获救了。这种性命攸关时刻的生命意识唤醒在消防救援中数不胜数。

(二)对轻生者生存意识与肉体安全的双层拯救

如今生活节奏快,学习、工作、生活压力越来越大,人们往往会忽视心理健康的重要性。有这么一些人遇到挫折后,会选择走向极端。

我们现实生活中不断有人选择用极端的方式去解决问题。我们消防员接到报警后迅速出动,根据现场情况以及轻生者的情绪变身现场的"谈判专家",不断与轻生者交流沟通,稳定轻生者激动的情绪,最后想尽一切办法把轻生者救下来。

这一切都体现出消防救援队伍履行"竭诚为民"的坚定决心。自觉把人民群众放在心中最高位置,把人民的褒奖当作最高荣誉,在人民群众最需要的时候冲锋在前,救民于水火、助民于危难、给人民以力量,在服务人民中传递党和政府的温暖,为维护人民群众生命财产安全而英勇奋斗。

参考文献

[1]杰拉德·科里.心理咨询与治疗的理论及实践(原著第10版)[M].朱智佩,陆璐,李滢,等译.北京:中国轻工业出版社,2021.

[2]埃迪·普罗斯.生命是什么:40亿年生命史诗的开端[M].袁祎,译.北京:中信出版社,2018.

[3]英国DK出版社.压力心理学[M].安林红,秦广萍,译.北京:电子工业出版社,2019.

[4]赫伯特·A.西蒙.管理决策新科学[M].李柱流,杨俊澄,等译.北京:中国社会科学出版社,1982.

[5]杨伯峻.论语译注:典藏版[M].北京:中华书局,2015.

[6]R.梅雷迪思·贝尔滨.管理团队:成败启示录[M].郑海涛,译.北京:机械工业出版社,2001.

[7]R.梅雷迪思·贝尔滨.未来的组织形式[M].郑海涛,译,北京:机械工业出版社,2001.

[8]亨利·法约尔.工业管理与一般管理[M].朱智文,译,北京:中国社会科学出版社,2023.

[9]克罗齐埃.被封锁的社会[M].狄玉明,刘培龙,译.北京:商务印书馆,1989.

[10]张楠.时刻听从党和人民召唤[N].中国应急管理报,2021-11-05(001).

[11]习近平.在庆祝中国共产党成立95周年大会上的讲话[N].人民日报,2016-07-02(002).

[12]黄国清.个人英雄主义与集体效率,孰轻孰重?[N].新华每日电讯,2009-12-03(005).

[13]靳晓霞.消防官兵职业压力、自我同情和职业倦怠的现状及关系研究[D].开封:河南大学,2016.

[14]白一鹭.消防员社会支持、工作倦怠与创伤后应激障碍的关系研究[D].北京:首都师范大学,2014.

[15]林婕.我国公立医院公益性保障机制研究[D].武汉:华中科技大学,2011.

[16]王露露.个人英雄、集体主义与名人名牌[J].世界知识,2014(3):66-67.

[17]付立红.基于贝尔宾团队角色理论的和谐团队建设新路径探索[J].产业与科技论坛,2012,11(22):212-213.

[18]石倩.个人英雄主义的集体英雄主义化刍议[J].黑河学院学报,2012,3(4):28-31.

[19]史砚湄,陈东勇.当代革命军人自我价值实现与核心价值观追求的统一——集体主义视域下的认知探析[J].军事历史研究,2009(S1):35-38.

[20]汪光皎.进一步推进思想政治教育创新发展[J].军队政工理论研究,2009,10(1):57-59.

[21]徐建华.集体主义道德原则的内涵要有新发展[J].政工研究动态,2006(4):12-13.

[22]郑晓江.论人生的选择[J].求实,2001(6):18-20

后记

本书提供了一个与消防员探讨消防心理的特殊视角,突出探讨自2018年消防转制以来,消防员对于消防职业心理的认知。党的十八大以来,以习近平同志为核心的党中央高度重视心理健康工作。党的十九大报告指出,要加强社会心理服务体系建设。党的二十大报告再次强调,重视心理健康和精神卫生。《国家综合性消防救援队伍基层建设纲要(试行)》中明确要求"牢固确立习近平总书记重要训词精神在基层建设中的根本指导地位,紧紧围绕建设一支对党忠诚、纪律严明、赴汤蹈火、竭诚为民的应急救援主力军和国家队",并15处提到心理工作,要求在消防救援队伍中做到心理素质和作风纪律训练、坚持经常性思想工作、心理工作和排忧解难"三结合",健全思想、心理、安全、网络等工作骨干队伍,培养"理论辅导员、宣传报道员、心理疏导员、安全督导员、网络管理员"……消防员心理教育是消防心理工作的根基,迫切需要经常性开展,为广大消防员的心理健康保驾护航。而目前消防救援队伍中心理工作力量薄弱,而且贴合于消防特色心理教育的图书资料奇缺,一定程度上阻碍了心理教育的正常运行,因此迫切需要"心理理论结合教育实践"的实用型工作指导手册,这些现实需求促成了本书的撰写与出版。

本书重点探讨消防员关于使命担当、职业胜任、集体凝聚以及生命感悟的心理认知,内容彰显大思政元素,注重思想政治教育与心理教育相融合,突出心理教育实践及感悟,拉近与消防员的心理距离。在撰写过程中,中国消防救援学院2019级思想政治教育专业刘芮齐、王士豪、李鸿根、赵浩宇、李豪达、段卓凡、尉宸浩、傅成、汪凡、郑雪、吕翌伟、陈婷婷、张诗京、荣斌、王赞皓、白水淼、张凌豪、王美涵、唐敏杰、于航舶等110名毕业生为本书提供了大量素材,在此由衷感谢!

最后,撰写组希望本书能够为广大消防员打开一扇观察和感悟自我与职业心理的天窗,使广大消防员拓宽心理理论认知;也为消防心理教育工作者提供便于持续、深入开展经常性心理教育与实践活动的资料保障,以更宽广的角度看待消防救援的职业发展,共同挖掘内心的潜在力量!

本书撰写组
2024年8月